大学・中庸

大学·中庸

[宋] 朱熹 章句

金良年 导读　胡真 集评

世纪出版集团　上海古籍出版社

出版说明

　　自中西文明发生碰撞以来，百余年的中国现代文化建设即无可避免地担负起双重使命。 梳理和探究西方文明的根源及脉络，已成为我们理解并提升自身要义的借镜，整理和传承中国文明的传统，更是我们实现并弘扬自身价值的根本。 此二者的交汇，乃是塑造现代中国之精神品格的必由进路。 世纪出版集团倾力编辑世纪人文系列丛书之宗旨亦在于此。

　　世纪人文系列丛书包含"世纪文库"、"世纪前沿"、"袖珍经典"、"大学经典"及"开放人文"五个界面，各成系列，相得益彰。

　　"厘清西方思想脉络，更新中国学术传统"，为"世纪文库"之编辑指针。 文库分为中西两大书系。 中学书系由清末民初开始，全面整理中国近现代以来的学术著作，以期为今人反思现代中国的社会和精神处境铺建思考的进阶；西学书系旨在从西方文明的整体进程出发，系统译介自古希腊罗马以降的经典文献，借此展现西方思想传统的生发流变过程，从而为我们返回现代中国之核心问题奠定坚实的文本基础。 与之呼应，"世纪前沿"着重关注二战以来全球范围内学术思想的重要论题与最新进展，展示各学科领域的新近成果和当代文化思潮演化的各种向度。"袖珍经典"则以相对简约的形式，收录名家大师们在体裁和风格上独具特色的经典作品，阐幽发微，意趣兼得。

遵循现代人文教育和公民教育的理念，秉承"通达民情，化育人心"的中国传统教育精神，"大学经典"依据中西文明传统的知识谱系及其价值内涵，将人类历史上具有人文内涵的经典作品编辑成为大学教育的基础读本，应时代所需，顺时势所趋，为塑造现代中国人的人文素养、公民意识和国家精神倾力尽心。"开放人文"旨在提供全景式的人文阅读平台，从文学、历史、艺术、科学等多个面向调动读者的阅读愉悦，寓学于乐，寓乐于心，为广大读者陶冶心性，培植情操。

"大学之道，在明明德，在新民，在止于至善"（《大学》）。温古知今，止于至善，是人类得以理解生命价值的人文情怀，亦是文明得以传承和发展的精神契机。欲实现中华民族的伟大复兴，必先培育中华民族的文化精神；由此，我们深知现代中国出版人的职责所在，以我之不懈努力，做一代又一代中国人的文化脊梁。

上海世纪出版集团

世纪人文系列丛书编辑委员会

2007 年 1 月

学　　庸

大　　中

目录

导　读

金良年

一

　　《大学》和《中庸》原是《礼记》中的两个单篇。 "记"是古代门徒弟子记载宗师述论大意的一种体裁（当时把创造性的作品称为"作"，根据现有材料编写的作品称为"述"，孔子就自称"述而不作"），有点类似于现在的听课笔记。 后来，把学者阐发本学派理论的作品也称为"记"。 《汉书·艺文志》六艺略的礼类就录有"记百三十篇"，颜师古注："七十子后学者所记也。"《大学》和《中庸》应该也包括在这些孔门后学阐述礼经和礼学的篇章中。 到了西汉武帝时，戴德、戴圣兄弟曾先后对这些篇章进行整理，分别编有《大戴礼记》八十五篇、《小戴礼记》四十九篇。 《大学》和《中庸》就收录于现存的《小戴礼记》（后来简称为《礼记》）中。 据东汉末年为《礼记》作注的郑玄《礼记目录》，这两篇都属于"通论"类，除此之外并没有予以特别的表彰和称扬。 到了宋代，随着新儒家（理学）的兴起，出于构建理论体系和"道统"的需要，把这两篇和《论语》、《孟子》合称"四子书"（即孔子、曾子、子思、孟子的著作，后来即简称"四书"），它们的地位才得到很大的提升。元仁宗皇庆二年（1313）确定科举条制，"汉人、南人第一场明经经疑二问，《大学》、《论语》、《孟子》、《中庸》内出题，并用朱氏《章句》、《集注》，复以已意结之"（《元史·选举一》），这一制度后来被明、清所继承，逐渐演变为八股文取士，于是"四书"成为士人学子的必读之书。

<h1 style="text-align:center">二</h1>

在汉代，《大学》究竟出于"七十子后学"的哪一家之手，是个不明确的问题。宋代的理学家把它的著作权判给了孔子的弟子曾子一派，这在当时和后世都有人提出过疑问，当代学者中有认为它属于荀子一派者（如冯友兰），也有认为它出于思孟学派者（如郭沫若），近年来随着先秦古文献的陆续出土，《大学》的著作权再度提起，或有说作于子思者，或有认同曾子一派者，相互都难以说服。尽管著作权归属没有定论，但它确实是先秦文献是一致认同的。

《大学》的篇幅是"四书"中最短的，全文不到二千字，大致可以分为两个段落，是一篇首尾基本完具的论文，因为该篇的开头有"大学"二字，所以用作篇名。

《大学》提出，"明明德"（彰明自身的美德）、"亲民"（亲爱民众）、"止于至善"（追求尽善的行为）是君子"近于道"的三项要求，而实现的途径则以"修身"为要，"自天子以至于庶人，壹是皆以修身为本"，其中心思想是"论学成之事能治其国，章明其德于天下，却本明德所由先从诚意为始"（唐孔颖达《礼记正义》）。这是汉、唐儒家学者对《大学》的理解。被纳入"四书"体系中的《大学》就大不相同了，理学家首先援引汉代的学制对"大学"的涵意作了新的解释，认为所谓的"大学"是相对于"小学"而言的君子达道从政之学，"人生八岁，则自王公以下至于庶人之子弟皆入小学，而教之以洒扫、应对、进退之节，礼、乐、射、御、书、数之文；及其十有五年，则自天子之元子、众子以至公卿、大夫、元士之适子，与凡民之俊秀皆入大学，而教之以穷理正心、修己治人之道"（朱熹《大学章句》序）。他们不仅在文字释读上竭力贯穿自己的思想，例如"亲民"，过去一般按字面解释为"大学之道在于亲爱于民"（唐孔颖达《礼记正义》），而理学家则认为，这里的"亲"应当读作"新"，是使民众自新的意思。他们把明明德、新民、止于至善上升为学习儒家理论的"三纲"，把格物、致知、诚意、正心、修身、齐家、治国、平天下等称为实现"三纲"的八个循序渐进项目，简称"三纲八目"。为了突出这一理论纲领，他们借口收在《礼记》中的《大学》本子有错乱，将其重新析分编排为经一章、传十章，认为经是"孔子之言而曾子述之"，传是"曾子立意而门人记之"，经首先揭明"三纲八目"，传则逐节予以解说，"前四章统论纲领指趣，后六章细论条目工夫"（朱熹《大学章句》），但原来的文本中能和释格物、致知相对应的传却只有"此谓知本，此谓知之至"一句话，而且理学家还认为，前一句是上一章传的衍文，于是朱熹在《大学章句》中为此补写了一节所谓阙失的传，藉此强化了"格物致知"在整个"三纲八目"中的地位和重要性。经过这一番从里到外的改造之后，《大学》成了儒家"初学入德之门"的必读书，"于今可见古人为学次第者，独赖此篇之存，而《论》、《孟》次之。学者必由是而学焉，则庶乎其不差矣"（朱熹《大学章句》）。朱熹在讲学中多次强调，"学问须以《大学》为先"，"《大学》是修身治人底规模，如人起屋相似，须先打个地盘，地盘既成则可举而行之矣"，"《大学》是为学纲目。……通得《大学》了，去看他经，方见得此是格物、致知事，此是正心、诚意事，此是修身事，此是齐家、治国、平天下事"(《朱子语类》卷十四)。

三

　　《中庸》的作者，据郑玄《礼记目录》说是"孔子之孙子思伋作之"，钱穆认为这是汉以前的旧说（《四书解题及其读法》）。孔子去世后，儒家分为八派，"子思之儒"就是其中的一个派别（《韩非子·显学》）。《中庸》的著作权虽然在后世亦不乏争议，但基本归属于思孟学派是大致没有疑义的，问题在于它的文本不太可靠，一是它的名篇方式不同于《大学》，不是取正文开头的二字为题，而是撮举文章的内容核心，这属于战国晚期的文体；二是它的行文中夹杂着一些可能在秦汉时代才可能出现的语词（如"今天下车同轨、书同文、行同伦"之类），结构也不像《大学》那样严密。因此，一般认为，它可能是由几篇材料合编而成的，而且还可能经过了秦汉时代人的润色。

　　《中庸》全文近三千六百字，在《礼记》中也属于"通论"类，郑玄《礼记目录》说："名曰'中庸'者，以其记中和之为用也。庸，用也。"早在西汉时代就有单独疏释它的著作流传（《汉书·艺文志》录有《中庸说》二篇），后世续有所作，而宋代理学家把它编入"四书"，更在它的研究史上开创了一个新的阶段。

　　"四书"中的《中庸》，其序列在《孟子》之后，而一般习惯于将它与《大学》并列则是因为这两篇的篇幅较短，书册装订时合为一册而形成的次序。理学家对《中庸》的改造体现在两个方面，一是对全文脉络的重新梳理，把全篇划分为三十三章（在此之前各家对《中庸》的分章不一，唐代的《礼记正义》分为三十六章，而宋人晁说之的《中庸传》更细分为八十二章），"其首章子思推本先圣所传之意以立言，盖一篇之体要，而其下十章则引先圣之所尝言者以明之也，至十二章又子思之言，而其下八章复以先圣之言明之也，二十一章以下至于卒章则又皆子思之言，反复推说，互相发明，以尽所传之意者也"（朱熹《晦庵集》卷八十一《书〈中庸〉后》）。也就是说，《中庸》全文分为三个部分，第一部分是一至十一章，其中第一章是全文的总纲，"首明道之本原出于天而不可易"；第二部分是第十二至二十章，而以第十二章为枢纽，"申明首章道不可离之意也"；第二十一章以下为第三部分，其最后一章是全书的总结，"盖举一篇之要而约言之，其反复丁宁示人之意至深切矣"（朱熹《中庸章句》）。改造的另一个方面则是对一些重要的思想概念，如"天"、"性"、"心"、"道"、"诚"的重新阐释。这样一来，在汉、唐经学家眼中仅仅是"记中和之为用"的一般论述，上升成了"孔门传授心法"，"其书始言一理，中散为万事，末复合为一理，'放之则弥六合，卷之则退藏于密'，其味无穷，皆实学也，善读者玩索而有得焉，则终身用之有不能尽者矣"（朱熹《中庸章句》）。

然而，由于《中庸》文本的自身不整齐的缺陷，所以理学家的改造也感到很费力，朱熹曾感叹说："《中庸》一书，枝枝相对，叶叶相当，不知怎生做得一个文字齐整！"所以当门弟子向他讨教研读《中庸》的方法时，他说："《中庸》之书难看。中间说鬼、说神都无理会，学者须是见得个道理了，方可看此书，将来印证。""某说个读书之序，须是且着力去看《大学》，又着力去看《论语》，又着力去看《孟子》。看得三书了，这《中庸》半截都了，不用问人，只略略恁看过。不可掉了易底，却先去攻那难底。《中庸》多说无形影，如鬼神、如'天地参'等类，说得高，说下学处少，说上达处多，若且理会文义则可矣。"（《朱子语类》卷六十二）也就是说，《中庸》的研读在理学中属于"高级班"，初学者不易很快领会，但虽然难读，其重要性则是不言而喻的。 毛泽东在延安研究哲学时，也曾对理学家阐述的中庸概念予以关注，他说："依照现在我们的观点说来，过与不及乃指一定事物在时间与空间中运动，当其发展到一定状态时，应从量的关系上找出与确定其一定的质，这就是'中'或'中庸'，或'时中'。 说这个事物已经不是这种状态而进到别种状态了，这就是别一种质，就是'过'或'左'倾了。 说这个事物还停止在原来状态并无发展，这是老的事物，是概念停滞，是守旧顽固，是右倾，是'不及'。 孔子的中庸观念没有这种发展的思想，乃是排斥异端树立己说的意思为多，然而是从量上去找出与确定质而反对'左'右倾则是无疑的。 这个思想的确如伯达所说是孔子的一大发现，一大功绩，是哲学的重要范畴，值得很好地解释一番。"（致张闻天，一九三九年二月二十日，载《毛泽东书信选集》）

四

在"四书"中，理学家对《大学》和《中庸》进行从形式到内容的改造功夫较大，所以朱熹为《论语》、《孟子》作的注释称为"集注"，意思是仅是综合前人的诸多解释断以己意，而《大学》和《中庸》则为"章句"。 在古代的著述体例中，"章句"是一种对原典带有创意性释读的体裁，清沈钦韩《汉书疏证》说："章句者，经师指括其文，敷畅其义，以相教授。"在理学家对《大学》、《中庸》进行改造的两种手法，即增减经文和对概念的重新解释中，较多受到后人指责的是增减经文，其中尤以重分《大学》经传和补写所谓"阙传"为甚。 然而，在理学家所处的宋代，"疑经"、"改经"是流行的学术风气，所以在当时看来也并不很"离经叛道"，而且当时及后来试图重新编定《大学》的不止程、朱一家，据清代毛奇龄在《大学证文》中所列有近十家之多，而且都自称是恢复了《大学》"真古本"的面目，清人所撰《四库》提要认为，这些改易"譬如增减古方以治今病，不可谓无裨于医疗，而亦不可谓即扁鹊、仓公之旧剂也"，只要"纲目分明，使学者易于致力"，"章句不易，使古经不至失真，各明一义，固可以并行不悖耳"（《四库全书总目》卷三十六），是比较中肯的。理学家之改造《大学》和《中庸》，确有其构建"道统"体系的学术需求，朱熹曾对学生说："《大学章句》次第得皆明白易晓，不必《或问》，但致知、格物与诚意较难理会，不得不明辨之耳。"（《朱子语类》卷十四）由于我们现在阅读的《大学》和《中庸》，基本上是经过理学家改造的本子，因此，对此应该有一个客观的认识。

五

最后介绍一下本书的整理情况。

按照丛书的体例，本书的正文分为三大部分：一是朱熹编定的《大学》、《中庸》的原文，一是朱熹的"章句"，还有就是我们选集的古人与《大学》、《中庸》有关的文字、评论。其中《大学》、《中庸》的原文和朱熹的"章句"，我们以宋代当涂郡斋刻本《四书章句集注》为底本，校以其他宋、元本，底本误者据校本径改，不出校记。

下面再谈一下我们选集的古人与《大学》、《中庸》有关的文字、评论的情况。

《大学》、《中庸》历来被视为儒家修身之学的纲领性教材，在四书中，它们相比于《论语》和《孟子》，篇幅很短，理论性很强，几乎没有人和事的描述而显得有些死板。同时，其内容多是称述圣人君子的，所以后世诗文很少能化用其语句，这也体现了这两篇文字在过去的一种独特地位。

过去讲读书要"知其人"，我们今天读《大学》、《中庸》更要"知其文"。文义可以靠后人的注解发挥而得到，但其书在过去是一个什么样的符号化概念，其中的相关文字和内容用在哪里、用于什么人才算得体，这就需要用更多的实例加以补充。因此，本书除了附以朱熹的《章句》让读者了解其基本的文义之外，还附了一些古人运用其相关语句的例子。

这些例子大约有三类。一是称颂类的诗文，主要是书、序、碑、启、铭等，用《学》《庸》中的一些话来称颂其德行是很高的待遇，其中还选了乾隆皇帝一首诗——算不得好诗，但太平天子之气毕现无遗。二是前人论学的文字，如《日知录》、《困学纪闻》等一些相关问题的讨论对今人还是很有启发意义的，又有《徐氏笔精》一条专门讨论"蒲卢"的问题，对朱熹注提出异议，也可以让有兴趣者由此进一步探讨。三是将原文的词句当作成语来用，有与原意基本吻合的，也有有所变化的，如王褒的《洞箫赋》、查慎行的《金缕曲》等。此外还有一些小故事比较有趣，如杨万里"诚斋"的由来，《鹤林玉露》所记鹰报复人的故事等，也酌情收入。

大　　学

大学章句序

朱　熹

　　《大学》之书，古之大学所以教人之法也。盖自天降生民，则既莫不与之以仁义礼智之性矣。然其气质之禀或不能齐，是以不能皆有以知其性之所有而全之也。一有聪明睿智能尽其性者出于其间，则天必命之以为亿兆之君师，使之治而教之，以复其性。此伏羲、神农、黄帝、尧、舜所以继天立极，而司徒之职、典乐之官所由设也。

　　三代之隆，其法寖备，然后王宫、国都以及闾巷，莫不有学。人生八岁，则自王公以下，至于庶人之子弟，皆入小学，而教之以洒扫、应对、进退之节，礼乐、射御、书数之文。及其十有五年，则自天子之元子、众子，以至公、卿、大夫、元士之适子，与凡民之俊秀，皆入大学，而教之以穷理、正心、修己、治人之道。此又学校之教、大小之节所以分也。

　　夫以学校之设，其广如此，教之之术，其次第节目之详又如此，而其所以为教，则又皆本之人君躬行心得之余，不待求之民生日用彝伦之外，是以当世之人无不学。其学焉者，无不有以知其性分之所固有，职分之所当为，而各俛焉以尽其力。此古昔盛时所以治隆于上，俗美于下，而非后世之所能及也！

　　及周之衰，贤圣之君不作，学校之政不修，教化陵夷，风俗颓败，时则有若孔子之圣，而不得君师之位以行其政教，于是独取先王之法，诵而传之，以诏后世。若《曲礼》、《少仪》、《内则》、《弟子职》诸篇，固小学之支流余裔，而此篇者，则因小学之成功以著大学之明法，外有以极其规模之大，而内有以尽其节目之详者也。三千之徒，盖莫不闻其说，而曾氏之传独得其宗，于是作为传义，以发其意。及孟子没而其传泯焉，则其书虽存，而知者鲜矣！

自是以来，俗儒记诵词章之习，其功倍于小学而无用；异端虚无寂灭之教，其高过于大学而无实。其他权谋术数，一切以就功名之说，与夫百家众技之流，所以惑世诬民、充塞仁义者，又纷然杂出乎其间。使其君子不幸而不得闻大道之要，其小人不幸而不得蒙至治之泽，晦盲否塞，反复沈痼，以及五季之衰，而坏乱极矣！

天运循环，无往不复。宋德隆盛，治教休明。于是河南程氏两夫子出，而有以接乎孟氏之传，实始尊信此篇而表章之，既又为之次其简编，发其归趣，然后古者大学教人之法、圣经贤传之指，粲然复明于世。虽以熹之不敏，亦幸私淑而与有闻焉。顾其为书犹颇放失，是以忘其固陋，采而辑之，间亦窃附己意，补其阙略，以俟后之君子。极知僭逾无所逃罪，然于国家化民成俗之意、学者修己治人之方，则未必无小补云。

淳熙己酉二月甲子，新安朱熹序。

大学章句[1]

　　子程子曰:"《大学》,孔氏之遗书,而初学入德之门也。"于今可见古人为学次第者,独赖此篇之存,而《论》、《孟》次之。学者必由是而学焉,则庶乎其不差矣。

【朱子章句】

[1] 大,旧音泰,今读如字。

大学之道，在明明德，在亲民，在止于至善。[1]知止而后有定，定而后能静，静而后能安，安而后能虑，虑而后能得。[2]物有本末，事有终始，知所先后，则近道矣。[3]古之欲明明德于天下者，先治其国；欲治其国者，先齐其家；欲齐其家者，先修其身；欲修其身者，先正其心；欲正其心者，先诚其意；欲诚其意者，先致其知；致知在格物。[4]物格而后知至，知至而后意诚，意诚而后心正，心正而后身修，身修而后家齐，家齐而后国治，国治而后天下平。[5]自天子以至于庶人，壹是皆以修身为本。[6]其本乱而末治者否矣，其所厚者薄，而其所薄者厚，未之有也！[7]

　　右经一章，盖孔子之言，而曾子述之。凡二百五字。其传十章，则曾子之意而门人记之也。旧本颇有错简，今因程子所定，而更考经文，别为序次如左。凡千五百四十六字。○凡传文，杂引经传，若无统纪，然文理接续，血脉贯通，深浅始终，至为精密。熟读详味，久当见之，今不尽释也。

【朱子章句】

[1] 程子曰："亲，当作新。"○大学者，大人之学也。明，明之也。明德者，人之所得乎天，而虚灵不昧，以具众理而应万事者也。但为气禀所拘，人欲所蔽，则有时而昏；然其本体之明，则有未尝息者。故学者当因其所发而遂明之，以复其初也。新者，革其旧之谓也，言既自明其明德，又当推以及人，使之亦有以去其旧染之污也。止者，必至于是而不迁之意。至善，则事理当然之极也。言明明德、新民，皆当止于至善之地而不迁。盖必其有以尽夫天理之极，而无一毫人欲之私也。此三者，大学之纲领也。

[2] 后，与後同，后放此。○止者，所当止之地，即至善之所在也。知之，则志有定向。静，谓心不妄动。安，谓所处而安。虑，谓处事精详。得，谓得其所止。

[3] 明德为本，新民为末。知止为始，能得为终。本始所先，末终所后。此结上文两节之意。

[4] 治，平声，后放此。○明明德于天下者，使天下之人皆有以明其明德

上问《永乐大典》及《大学》、用人理财，诸臣各有奏对。言用人理财俱"明明德"内事。《大学》一书只是"明明德"。上首肯。（清孙承泽《春明梦余录》卷七）

明明德新民，此书洙泗孙。所谓新者何，舍旧新是勤。（元方回《赠鲁至道》）

作镜如何砖可磨，个中方法似无多。定而能静吾师也，不比伽趺佯佛何。（宋林希逸《东涧以且静坐三字赠莆阳郭堂长阳岩》）

不深思则不能造于道，不深思而得者，其得易失。然而学者有无思虑而得者，何也？曰以无思无虑而得者，乃所以深思而得之也。以无思无虑为不思而自以为得者，未之有也。（宋晁说之《晁氏客语》）

（杨万里）调永州零陵丞。时张浚谪永，杜门谢客。万里三往不得见，以书力请，始见之。浚勉以正心诚意之学，万里服其教终身，乃名读书之室曰诚斋。（《宋史·杨万里传》）

也。 心者，身之所主也。 诚，实也。 意者，心之所发也。 实其心之所发，
欲其一于善而无自欺也。 致，推极也。 知，犹识也。 推极吾之知识，欲其所
知无不尽也。 格，至也。 物，犹事也。 穷至事物之理，欲其极处无不到也。
此八者，《大学》之条目也。

[5] 治，去声，后放此。 ○物格者，物理之极处无不到也。 知至者，吾心
之所知无不尽也。 知既尽，则意可得而实矣，意既实，则心可得而正矣。 修
身以上，明明德之事也。 齐家以下，新民之事也。 物格知至，则知所止矣。
"意诚"以下，则皆得所止之序也。

[6] 壹是，一切也。 正心以上，皆所以修身也。 齐家以下，则举此而措
之耳。

[7] 本，谓身也。 所厚，谓家也。 此两节结上文两节之意。

(李性传)进对"有崇尚道学之名，未遇其实。"帝曰："实者何在?"性传对曰："在陛下格物致知以为出治之本。"(《宋史·李性传传》)

夫记诵词藻非所以探渊源而出治道，虚无寂灭非所以贯本末而立大中。帝王之学，必先格物致知以极夫事物之变，使义理所存，纤悉毕照，则自然意诚心正而可以应天下之务。(《宋史·朱熹传》)

志立修身本，诚存作圣功。遗言犹在耳，一恸閟幽宫。(元许谦《金先生挽辞》)

　　《康诰》曰："克明德。"[1]《大甲》曰："顾諟天之明命。"[2]《帝典》曰："克明峻德。"[3]皆自明也。[4]

　　右传之首章。释明明德。此通下三章至"止于信"，旧本误在"没世不忘"之下。

【朱子章句】

[1]《康诰》，《周书》。克，能也。

[2]大，读作泰。諟，古是字。○《大甲》，《商书》。顾，谓常目在之也。諟，犹此也，或曰审也。天之明命，即天之所以与我，而我之所以为德者也。常目在之，则无时不明矣。

[3]峻，《书》作俊。○《帝典》，《尧典》，《虞书》。峻，大也。

[4]结所引书，皆言自明己德之意。

汤之《盘铭》曰："苟日新，日日新，又日新。"[1]《康诰》曰："作新民。"[2]《诗》曰："周虽旧邦，其命惟新。"[3]是故君子无所不用其极。[4]

右传之二章。释新民。

【朱子章句】

[1] 盘，沐浴之盘也。铭，名其器以自警之辞也。苟，诚也。汤以人之洗濯其心以去恶，如沐浴其身以去垢。故铭其盘，言诚能一日有以涤其旧染之污而自新，则当因其已新者，而日日新之，又日新之，不可略有间断也。

[2] 鼓之舞之之谓作。言振起其自新之民也。

[3]《诗·大雅·文王》之篇。言周国虽旧，至于文王，能新其德以及于民，而始受天命也。

[4] 自新、新民，皆欲止于至善也。

然公之薨未几，辞翰皆为世大禁，而狗鼠之徒如霍汉英辈犹鸣吠不已，磨划焚炀，无所不用其极，而斯卷无纤毫不完，岂公妙墨所在，或有鬼物呵护之耶？（明宋濂《跋东坡书乳泉赋后》）

婺州州治古木之上有鹰巢，一卒探取其子。郡守王梦龙方据案视事，鹰忽飞下攫一卒之巾以去。已而知其非探巢之卒也，衔巾来还，乃径攫探巢者之巾而去。太守推问其故，杖此卒而逐之。禽兽之灵识如此，其攫探巢者之巾固已异矣，于误攫他卒之巾，复衔来还，尤为奇异。世之人举动差谬，文过遂非，不肯认错者多矣。夫子所谓可以人而不如鸟乎！（宋罗大经《鹤林玉露》卷三）

及朱熹来守其乡，（陈）淳请受教。熹曰："凡阅义理，必穷其原。如为人父何故止于慈？为人子何故止于孝？其他可类推也。"淳闻而为学益力，日求其所未至。（《宋史·陈淳传》）

无乎内而饰乎外，则是设覆为阱也，祸孰大焉？有乎内而不饰乎外，则是焚梓毁璞也，诟孰甚焉？于是有切磋琢磨、镞砺栝羽之道，圣人以为重。（唐柳宗元《送豆卢膺秀才南游诗序》）

《诗》云："邦畿千里，惟民所止。"[1]《诗》云："缗蛮黄鸟，止于丘隅。"子曰："于止，知其所止，可以人而不如鸟乎！"[2]《诗》云："穆穆文王，於缉熙敬止！"为人君，止于仁；为人臣，止于敬；为人子，止于孝；为人父，止于慈；与国人交，止于信。[3]《诗》云："瞻彼淇澳，菉竹猗猗。有斐君子，如切如磋，如琢如磨。瑟兮僴兮，赫兮喧兮。有斐君子，终不可諠兮！"如切如磋者，道学也。如琢如磨者，自修也。瑟兮僴兮者，恂栗也。赫兮喧兮者，威仪也。有斐君子，终不可諠兮者，道盛德至善，民之不能忘也。[4]《诗》云："於戏，前王不忘！"君子贤其贤而亲其亲，小人乐其乐而利其利，此以没世不忘也。[5]

右传之三章。释止于至善。此章内自引《淇澳》诗以下，旧本误在诚意章下。

【朱子章句】

[1]《诗·商颂·玄鸟》之篇。邦畿，王者之都也。止，居也，言物各有所当止之处也。

[2] 缗，《诗》作绵。○《诗·小雅·绵蛮》之篇。缗蛮，鸟声。丘隅，岑蔚之处。"子曰"以下，孔子说《诗》之辞。言人当知所当止之处也。

[3] 於缉之於，音乌。○《诗·文王》之篇。穆穆，深远之意。於，叹美辞。缉，继续也。熙，光明也。敬止，言其无不敬而安所止也。引此而言圣人之止，无非至善。五者乃其目之大者也。学者于此，究其精微之蕴，而又推类以尽其余，则于天下之事，皆有以知其所止而无疑矣。

[4] 澳，於六反。菉，《诗》作绿。猗，叶韵，音阿。僴，下版反。喧，《诗》作咺，諠，《诗》作諼，并况晚反。恂，郑氏读作峻。○《诗·卫风·淇澳》之篇。淇，水名。澳，隈也。猗猗，美盛貌。兴也。斐，文貌。切以刀锯，琢以椎凿，皆裁物使成形质也。磋以鑢锡，磨以沙石，皆治物使其滑泽也。治骨角者，既切而复磋之。治玉石者，既琢而复磨

10

大学·中庸

之。皆言其治之有绪，而益致其精也。瑟，严密之貌。僩，武毅之貌。赫喧，宣著盛大之貌。諠，忘也。道，言也。学，谓讲习讨论之事。自修者，省察克治之功。恂栗，战惧也。威，可畏也。仪，可象也。引《诗》而释之，以明明明德者之止于至善。道学、自修，言其所以得之之由。恂栗、威仪，言其德容表里之盛。卒乃指其实而叹美之也。

[5] 於戏，音呜呼。乐，音洛。○《诗·周颂·烈文》之篇。於戏，叹辞。前王，谓文、武也。君子，谓其后贤后王。小人，谓后民也。此言前王所以新民者止于至善，能使天下后世无一物不得其所，所以既没世而人思慕之，愈久而不忘也。此两节咏叹淫泆，其味深长，当熟玩之。

（曹）操尝称"荀文若之进善，不进不休；荀公达之去恶，不去不止。"又称"二荀令之论人久而益信，吾没世不忘。"（《资治通鉴》卷六十七）

圣王畏天畏民，人有
畏心，然后敬心生。
谓天不足畏，民不足
畏，为桀纣秦隋。（宋
王应麟《困学纪闻》
卷二）

子曰："听讼，吾犹人也，必也使无讼乎！"无情者不得尽
其辞。大畏民志，此谓知本。[1]

右传之四章。释本末。此章旧本误在"止于信"下。

【朱子章句】

[1] 犹人，不异于人也。情，实也。引夫子之言，而言圣人能使无实之
人不敢尽其虚诞之辞。盖我之明德既明，自然有以畏服民之心志，故讼不
待听而自无也。观于此言，可以知本末之先后矣。

此谓知本。[1]此谓知之至也。[2]

　　右传之五章。盖释格物、致知之义，而今亡矣。此章旧本通下章，误在经文之下。间尝窃取程子之意以补之曰："所谓致知在格物者，言欲致吾之知，在即物而穷其理也。盖人心之灵莫不有知，而天下之物莫不有理，惟于理有未穷，故其知有不尽也。是以《大学》始教，必使学者即凡天下之物，莫不因其已知之理而益穷之，以求至乎其极。至于用力之久，而一旦豁然贯通焉，则众物之表里精粗无不到，而吾心之全体大用无不明矣。此谓物格，此谓知之至也。"

【朱子章句】

[1] 程子曰：衍文也。

[2] 此句之上别有阙文，此特其结语耳。

所谓诚其意者,毋自欺也。如恶恶臭,如好好色,此之谓自谦。故君子必慎其独也![1] 小人闲居为不善,无所不至,见君子而后厌然,掩其不善,而著其善。人之视己,如见其肺肝然,则何益矣。此谓诚于中,形于外,故君子必慎其独也。[2] 曾子曰:"十目所视,十手所指,其严乎!"[3] 富润屋,德润身,心广体胖,故君子必诚其意。[4]

右传之六章。释诚意。经曰:"欲诚其意,先致其知。"又曰:"知至而后意诚。"盖心体之明有所未尽,则其所发必有不能实用其力,而苟焉以自欺者。然或已明而不谨乎此,则其所明又非己有,而无以为进德之基。故此章之指,必承上章而通考之,然后有以见其用力之始终,其序不可乱而功不可阙如此云。

【朱子章句】

[1] 恶、好,上字皆去声。谦,读为慊,苦劫反。○诚其意者,自修之首也。毋者,禁止之辞。自欺云者,知为善以去恶,而心之所发有未实也。谦,快也,足也。独者,人所不知而己所独知之地也。言欲自修者知为善以去其恶,则当实用其力,而禁止其自欺。使其恶恶则如恶恶臭,好善则如好好色,皆务决去,而求必得之,以自快足于己,不可徒苟且以徇外而为人也。然其实与不实,盖有他人所不及知而己独知之者,故必谨之于此以审其几焉。

[2] 闲,音闲。厌,郑氏读为黡。○闲居,独处也。厌然,消沮闭藏之貌。此言小人阴为不善,而阳欲掩之,则是非不知善之当为与恶之当去也,但不能实用其力以至此耳。然欲掩其恶而卒不可掩,欲诈为善而卒不可诈,则亦何益之有哉!此君子所以重以为戒,而必谨其独也。

[3] 引此以明上文之意。言虽幽独之中,而其善恶之不可掩如此,可畏之甚也。

[4] 胖,步丹反。○胖,安舒也。言富则能润屋矣,德则能润身矣,故心无愧怍,则广大宽平,而体常舒泰,德之润身者然也。盖善之实于中而形于外者如此,故又言此以结之。

所谓修身在正其心者：身有所忿懥，则不得其正；有所恐惧，则不得其正；有所好乐，则不得其正；有所忧患，则不得其正。[1]心不在焉，视而不见，听而不闻，食而不知其味。[2]此谓修身在正其心。

　　　右传之七章。释正心、修身。此亦承上章以起下章。盖意诚则真无恶而实有善矣，所以能存是心以检其身。然或但知诚意，而不能密察此心之存否，则又无以直内而修身也。○自此以下，并以旧文为正。

如离娄与瞽偕行而同坠沟中，或以无目不见坑而坠，或以心不在行，忧思之病而坠。所以坠则殊，其所以为坠则同也。天下如瞽者鲜，则其坠者皆离娄也，心不在焉故也。（唐李翱《答韩侍郎书》）

【朱子章句】

[1] 程子曰："身有之身，当作心。"忿，弗粉反。　懥，敕值反。　好、乐，并去声。　○忿懥，怒也。　盖是四者，皆心之用，而人所不能无者。　然一有之而不能察，则欲动情胜，而其用之所行，或不能不失其正矣。

[2] 心有不存，则无以检其身，是以君子必察乎此而敬以直之，然后此心常存而身无不修也。

所谓齐其家在修其身者:人之其所亲爱而辟焉,之其所贱恶而辟焉,之其所畏敬而辟焉,之其所哀矜而辟焉,之其所敖惰而辟焉。 故好而知其恶,恶而知其美者,天下鲜矣![1]故谚有之曰:"人莫知其子之恶,莫知其苗之硕。"[2]此谓身不修不可以齐其家。

右传之八章。释修身齐家。

【朱子章句】

[1] 辟,读为僻。 恶而之恶、敖、好,并去声。 鲜,上声。 ○人,谓众人。 之,犹于也。 辟,犹偏也。 五者,在人本有当然之则,然常人之情惟其所向而不加审焉,则必陷于一偏而身不修矣。

[2] 谚,音彦。 硕,叶韵,时若反。 ○谚,俗语也。 溺爱者不明,贪得者无厌,是则偏之为害,而家之所以不齐也。

所谓治国必先齐其家者，其家不可教而能教人者，无之。故君子不出家而成教于国：孝者，所以事君也；弟者，所以事长也；慈者，所以使众也。[1]《康诰》曰"如保赤子"，心诚求之，虽不中，不远矣。 未有学养子而后嫁者也！[2]一家仁，一国兴仁；一家让，一国兴让；一人贪戾，一国作乱；其机如此。此谓一言偾事，一人定国。[3]尧、舜帅天下以仁，而民从之；桀、纣帅天下以暴，而民从之；其所令反其所好，而民不从。是故君子有诸己而后求诸人，无诸己而后非诸人。 所藏乎身不恕，而能喻诸人者，未之有也。[4]故治国在齐其家。[5]《诗》云："桃之夭夭，其叶蓁蓁；之子于归，宜其家人。"宜其家人，而后可以教国人。[6]《诗》云："宜兄宜弟。"宜兄宜弟，而后可以教国人。[7]《诗》云："其仪不忒，正是四国。"其为父子兄弟足法，而后民法之也。[8]此谓治国在齐其家。[9]

右传之九章。释齐家、治国。

【朱子章句】

[1]弟，去声。 长，上声。 ○身修，则家可教矣；孝、弟、慈，所以修身而教于家者也；然而国之所以事君、事长、使众之道，不外乎此。 此所以家齐于上，而教成于下也。

[2]中，去声。 ○此引《书》而释之，又明立教之本不假强为，在识其端而推广之耳。

[3]偾，音奋。 ○一人，谓君也。 机，发动所由也。 偾，覆败也。 此言教成于国之效。

[4]好，去声。 ○此又承上文一人定国而言。 有善于己，然后可以责人之善；无恶于己，然后可以正人之恶。 皆推己以及人，所谓恕也。 不如是，则所令反其所好，而民不从矣。 喻，晓也。

[5]通结上文。

[6]夭，平声。 蓁，音臻。 ○《诗·周南·桃夭》之篇。 夭夭，少好貌。 蓁蓁，美盛貌。 兴也。 之子，犹言是子，此指女子之嫁者而言也。

伏愿皇帝陛下明以察伦，慈而使众。容子夏退老于西河之上，不至丧明；庶延陵返葬于嬴博之间，尚为合礼。（宋吴泳《知隆兴府丐祠状》）

虽有资性警敏，颇知涉猎古今者，而其力固未暇也，不过以资其谈言，润其手笔而已，而实无可施用，用之则必至于偾事。盖顷已微见其兆矣，岂不可叹也哉！（明娄坚《读史商语序》）

叔向习春秋，为平公之傅，而不能谏四姬之惑，何也？曰，正己则可以格君心之非。叔向娶于申公巫臣氏，违母之训而从君之命，无诸己而后非诸人，自反而不缩，其能正君乎？先儒有言，寡欲之臣，然后可以言王佐。（宋王应麟《困学纪闻》卷六）

伯大之子元与予善，邀予游而请以名其堂。吾故究其本而以怡怡山堂名之。孔子曰，兄弟怡怡。《诗》曰，兄弟既翕，和乐且湛。宜尔室家，乐尔妻孥。孔子举而赞之曰，父母其顺矣乎。宜兄宜弟，事亲之本也。请以是而揭诸堂，以示任氏之子孙，俾知其祖父家法之所自而则之效之，以世其德于无穷，庶其不为无益而有助矣。（明刘基《怡怡山堂记》）

妇人谓嫁曰归。 宜，犹善也。

[7]《诗·小雅·蓼萧》篇。

[8]《诗·曹风·鸤鸠》篇。 忒，差也。

[9] 此三引《诗》，皆以咏叹上文之事，而又结之如此。 其味深长，最宜潜玩。

所谓平天下在治其国者：上老老而民兴孝，上长长而民兴弟，上恤孤而民不倍，是以君子有絜矩之道也。[1]所恶于上，毋以使下，所恶于下，毋以事上，所恶于前，毋以先后，所恶于后，毋以从前，所恶于右，毋以交于左，所恶于左，毋以交于右：此之谓絜矩之道。[2]《诗》云："乐只君子，民之父母。"民之所好好之，民之所恶恶之，此之谓民之父母。[3]《诗》云："节彼南山，维石岩岩。赫赫师尹，民具尔瞻。"有国者不可以不慎，辟则为天下僇矣。[4]《诗》云："殷之未丧师，克配上帝。仪监于殷，峻命不易。"道得众则得国，失众则失国。[5]是故君子先慎乎德。有德此有人，有人此有土，有土此有财，有财此有用。[6]德者，本也，财者，末也。[7]外本内末，争民施夺。[8]是故财聚则民散，财散则民聚。[9]是故言悖而出者，亦悖而入，货悖而入者，亦悖而出。[10]《康诰》曰："惟命不于常！"道善则得之，不善则失之矣。[11]楚书曰："楚国无以为宝，惟善以为宝。"[12]舅犯曰："亡人无以为宝，仁亲以为宝。"[13]

《秦誓》曰："若有一个臣，断断兮无他技，其心休休焉，其如有容焉。人之有技，若己有之，人之彦圣，其心好之，不啻若自其口出，实能容之，以能保我子孙黎民，尚亦有利哉。人之有技，媢疾以恶之，人之彦圣，而违之俾不通，实不能容，以不能保我子孙黎民，亦曰殆哉。"[14]唯仁人放流之，迸诸四夷，不与同中国。此谓唯仁人为能爱人，能恶人。[15]见贤而不能举，举而不能先，命也，见不善而不能退，退而不能远，过也。[16]好人之所恶，恶人之所好，是谓拂人之性，菑必逮夫身。[17]是故君子有大道，必忠信以得之，骄泰以失之。[18]生财有大道，生之者众，食之者寡，为之者疾，用之者舒，则财恒足矣。[19]仁者以财发身，不仁者以身发财。[20]未有上好仁而下不好义者也，未有好义其事不终者也，未有府库财非其财者也。[21]孟献子曰："畜马乘，不察于鸡豚，伐冰之家，不畜牛

絜矩，学者之事也；从心所欲而不逾矩，圣人之事也。（宋王应麟《困学纪闻》卷五）

秦襄毅公自言平生居官事神务极诚洁，行事惟任理不任情，治民惟用絜矩二字，御吏惟用《易》大畜豮豕之牙一爻，刑罚一以钦恤为主。（清王士祯《居易录》卷二十一）

以聪明刚毅之君，独蔽惑于媢疾之臣，身死国亡而不寤，岂非天哉？嗟乎！不平其心者师尹也，而家父以究王讻，传者推之曰，辟则为天下僇，有国者可不慎乎！（清方苞《书卢象晋传后》）

臣闻三代之祖，积德以王，然皆不过数百年而绝。周至成王，有上贤之材，因文武之业，以周召为辅，有司各敬其事，在位莫非其人，天下甫二世耳，然周公犹作诗书深戒成王，以恐失天下。书则曰"王毋若殷王纣"，其诗则曰"殷之未丧师，克配上帝，宜监于殷，骏命不易"。今汉初取天下，起于丰沛，以兵征伐，德化未洽。后世奢侈，国家之费当数代之用。（《汉书·翼奉传》）

夫理天下者以义为本，以利为末；以人为本，以财为末。本盛则其末自举，末大则其本必倾。自古及今，德义立而利用不丰，人庶安而财货不给，因以丧邦失位者，未之有也。（《旧唐书·裴延龄传》）

并辞竞谮者，是易口而自毁也。交气力争者，是贷手而自殴也。故曰：言悖而出者，亦悖而入；货悖而入者，亦悖而出。（明杨慎《丹铅总录》卷十五）

闻以一人治天下，未闻以天下奉一人，奈何穷奢极侈，而毒痡四海。百万生灵，彼实何辜？其身亡国破为万世笑，非不幸也，宜也。传曰：惟命不于常，道善则得之，不善则失之。可不畏哉！可不畏哉！（明宋濂《读宋徽宗本纪》）

为国以善为宝，凡子女玉帛，羽毛齿革，珍禽奇兽之类，皆丧德丧志之具。今后回回诸色人等不许赍宝中卖，以虚国用，违者罪而没之。如此则富商大贾无所施其奸伪，而国用有畜积矣。（《元史·朵罗台传》）

羊；百乘之家，不畜聚敛之臣。与其有聚敛之臣，宁有盗臣。"此谓国不以利为利，以义为利也。[22]

长国家而务财用者，必自小人矣。彼为善之，小人之使为国家，灾害并至。虽有善者，亦无如之何矣！此谓国不以利为利，以义为利也。[23]

右传之十章。释治国、平天下。

此章之义，务在与民同好恶而不专其利，皆推广絜矩之意也。能如是，则亲贤乐利各得其所，而天下平矣。

凡传十章：前四章统论纲领指趣，后六章细论条目功夫。其第五章乃明善之要，第六章乃诚身之本，在初学尤为当务之急，读者不可以其近而忽之也。

【朱子章句】

[1] 长，上声。弟，去声。倍与背同。絜，胡结反。〇老老，所谓老吾老也。兴，谓有所感发而兴起也。孤者，幼而无父之称。絜，度也。矩，所以为方也。言此三者，上行下效，捷于影响，所谓家齐而国治也。亦可以见人心之所同，而不可使有一夫之不获矣。是以君子必当因其所同，推以度物，使彼我之间各得分愿，则上下四旁均齐方正，而天下平矣。

[2] 恶、先，并去声。〇此复解上文"絜矩"二字之义。如不欲上之无礼于我，则必以此度下之心，而亦不敢以此无礼使之。不欲下之不忠于我，则必以此度上之心，而亦不敢以此不忠事之。至于前后左右，无不皆然，则身之所处，上下四旁，长短广狭，彼此如一，而无不方矣。彼同有是心而兴起焉者，又岂有一夫之不获哉？所操者约，而所及者广，此平天下之要道也。故章内之意，皆自此而推之。

[3] 乐，音洛。只，音纸。好、恶，并去声，下并同。〇《诗·小雅·南山有台》之篇。只，语助辞。言能絜矩而以民心为己心，则是爱民如子，而民爱之如父母矣。

[4] 节，读为截。辟，读为僻。傩与戮同。〇《诗·小雅·节南山》之篇。节，截然高大貌。师尹，周太师尹氏也。具，俱也。辟，偏也。

言在上者人所瞻仰，不可不谨。 若不能絜矩而好恶徇于一己之偏，则身弑国亡，为天下之大戮矣。

[5] 丧，去声。 仪，《诗》作宜。 峻，《诗》作骏。 易，去声。 ○《诗·文王》篇。 师，众也。 配，对也。 配上帝，言其为天下君，而对乎上帝也。 监，视也。 峻，大也。 不易，言难保也。 道，言也。 引《诗》而言此，以结上文两节之意。 有天下者，能存此心而不失，则所以絜矩而与民同欲者，自不能已矣。

[6] 先谨乎德，承上文不可不慎而言。 德，即所谓明德。 有人，谓得众。 有土，谓得国。 有国，则不患无财用矣。

[7] 本上文而言。

[8] 人君以德为外，以财为内，则是争斗其民，而施之以劫夺之教也。 盖财者人之所同欲，不能絜矩而欲专之，则民亦起而争夺矣。

[9] 外本内末故财聚，争民施夺故民散。 反是，则有德而有人矣。

[10] 悖，布内反。 ○悖，逆也。 此以言之出入，明货之出入也。 自先谨乎德以下至此，又因财货以明能絜矩与不能者之得失。

[11] 道，言也。 因上文引《文王》诗之意而申言之，其丁宁反复之意益深切矣。

[12] 《楚书》，《楚语》。 言不宝金玉而宝善人也。

[13] 舅犯，晋文公舅狐偃，字子犯。 亡人，文公时为公子，出亡在外也。 仁，爱也。 事见《檀弓》。 此两节又明不外本而内末之意。

[14] 个，古贺反，《书》作介。 断，丁乱反。 媢，音冒。 ○《秦誓》，《周书》。 断断，诚一之貌。 彦，美士也。 圣，通明也。 尚，庶几也。 媢，忌也。 违，拂戾也。 殆，危也。

[15] 进，读为屏，古字通用。 ○进，犹逐也。 言有此媢疾之人，妨贤而病国，则仁人必深恶而痛绝之。 以其至公无私，故能得好恶之正如此也。

[16] 命，郑氏云当作慢，程子云当作怠，未详孰是。 远，去声。 ○若此者，知所爱恶矣，而未能尽爱恶之道，盖君子而未仁者也。

[17] 菑，古灾字。 夫，音扶。 ○拂，逆也。 好善而恶恶，人之性也。 至于拂人之性，则不仁之甚者也。 自《秦誓》至此，又皆以申言好恶公私之极，以明上文所引《南山有台》、《节南山》之意。

公卒去位，小人相继用事，浊乱天经，蘖牙祸根荆舒之罪，秽污简册。 如有一个臣，断断猗无他技，中原遗老，炳然元龟，天下后世，感愤追想，犹凛凛有生气。 呜呼！ 此其所谓大节关系于世道治乱升降而不可诬也。（宋文天祥《赣州重修清献赵公祠堂记》）

其书载王建诗多至两卷，不啻数百篇，而王、杨、沈、宋、陈子昂、张燕公、张曲江、王右丞、韦苏州、刘宾客诸大家不录一首。 若谓宋次道家无此数十家文集，何以谓之藏书家？ 若有之而一字不入选，尚得为有目人耶？ 后阅严沧浪诗话，已先余言之，安石一生相业，所谓好恶拂人之性。 此选亦然。（清王士禛《渔洋诗话》卷中）

虽登封之礼，让而不为。 骄泰之心，因斯以起。 见土地之广，谓万叶而无虞；睹天下之安，谓千年而永治。 不知处广以思狭，则广可长广；居治而忘危，则治无常治。（《晋书·武帝纪》）

[18] 君子,以位言之。 道,谓居其位而修己治人之术。 发己自尽为忠,循物无违谓信。 骄者矜高,泰者侈肆。 此因上所引《文王》、《康诰》之意而言。 章内三言得失,而语益加切,盖至此而天理存亡之几决矣。

[19] 恒,胡登反。○吕氏曰:"国无游民,则生者众矣;朝无幸位,则食者寡矣;不夺农时,则为之疾矣;量入为出,则用之舒矣。"愚按:此因有土有财而言,以明足国之道在乎务本而节用,非必外本内末而后财可聚也。 自此以至终篇,皆一意也。

[20] 发,犹起也。 仁者散财以得民,不仁者亡身以殖货。

[21] 上好仁以爱其下,则下好义以忠其上。 所以事必有终,而府库之财无悖出之患也。

[22] 畜,许六反。乘、敛,并去声。○孟献子,鲁之贤大夫仲孙蔑也。 畜马乘,士初试为大夫者也。 伐冰之家,卿大夫以上,丧祭用冰者也。 百乘之家,有采地者也。 君子宁亡己之财,而不忍伤民之力,故宁有盗臣,而不畜聚敛之臣。 此谓以下,释献子之言也。

[23] 长,上声。 "彼为善之",此句上下,疑有阙文误字。○自,由也,言由小人导之也。 此一节,深明以利为利之害,而重言以结之,其丁宁之意切矣。

中　庸

中庸章句序

　　《中庸》何为而作也？子思子忧道学之失其传而作也。盖自上古圣神继天立极，而道统之传有自来矣。其见于经，则"允执厥中"者，尧之所以授舜也；"人心惟危，道心惟微，惟精惟一，允执厥中"者，舜之所以授禹也。尧之一言，至矣，尽矣！而舜复益之以三言者，则所以明夫尧之一言，必如是而后可庶几也。

　　盖尝论之，心之虚灵知觉，一而已矣。而以为有人心、道心之异者，则以其或生于形气之私，或原于性命之正，而所以为知觉者不同，是以或危殆而不安，或微妙而难见耳。然人莫不有是形，故虽上智不能无人心，亦莫不有是性，故虽下愚不能无道心。二者杂于方寸之间，而不知所以治之，则危者愈危，微者愈微，而天理之公卒无以胜夫人欲之私矣。精则察夫二者之间而不杂也，一则守其本心之正而不离也。从事于斯，无少间断，必使道心常为一身之主，而人心每听命焉，则危者安，微者著，而动静云为自无过不及之差矣。

　　夫尧、舜、禹，天下之大圣也。以天下相传，天下之大事也。以天下之大圣，行天下之大事，而其授受之际，丁宁告戒，不过如此，则天下之理，岂有以加于此哉？自是以来，圣圣相承，若成汤、文、武之为君，皋陶、伊、傅、周、召之为臣，既皆以此而接夫道统之传，若吾夫子，则虽不得其位，而所以继往圣、开来学，其功反有贤于尧、舜者。 然当是时，见而知之者，惟颜氏、曾氏之传得其宗。 及曾氏之再传，而复得夫子之孙子思，则去圣远而异端起矣。 子思惧夫愈久而愈失其真也，于是推本尧、舜以来相传之意，质以平日所闻父师之言，更互演绎，作为此书，以诏后之学者。 盖其忧之也深，故其言之也切，其虑之也远，故其说之也详。 其曰"天命率性"，则道心之谓也；其曰"择善固执"，则精一之谓也；其曰"君子时中"，则执中之谓也。 世之相后，千有余年，而其言之不异，如合符节。 历选前圣之书，所以提挈纲维，开示蕴奥，未有若是之明且尽者也。 自是而又再传以得孟氏，为能推明是书，以承先圣之统，及其没而遂失其传焉。 则吾道之所寄，不越乎言语文字之间，而异端之说日新月盛，以至于老、佛之徒出，则弥近理而大乱真矣。 然而尚幸此书之不泯，故程夫子兄弟者出，得有所考，以续夫千载不传之绪；得有所据，以斥夫二家似是之非。 盖子思之功于是为大，而微程夫子，则亦莫能因其语而得其心也。 惜乎！ 其所以为说者不传，而凡石氏之所辑录，仅出于其门人之所记，是以大义虽明，而微言未析。 至其门人所自为说，则虽颇详尽而多所发明，然倍其师说而淫于老、佛者，亦有之矣。

熹自蚤岁即尝受读而窃疑之，沉潜反复，盖亦有年，一旦恍然似有以得其要领者，然后乃敢会众说而折其中，既为定著章句一篇，以俟后之君子。 而一二同志复取石氏书，删其繁乱，名以《辑略》，且记所尝论辩取舍之意，别为《或问》，以附其后。 然后此书之旨，支分节解，脉络贯通，详略相因，巨细毕举，而凡诸说之同异得失，亦得以曲畅旁通，而各极其趣。 虽于道统之传，不敢妄议，然初学之士，或有取焉，则亦庶乎行远升高之一助云尔。

淳熙己酉春三月戊申，新安朱熹序。

中庸章句[1]

子程子曰："不偏之谓中，不易之谓庸。中者，天下之正道；庸者，天下之定理。"此篇乃孔门传授心法，子思恐其久而差也，故笔之于书，以授孟子。其书始言一理，中散为万事，末复合为一理，"放之则弥六合，卷之则退藏于密"，其味无穷，皆实学也。善读者玩索而有得焉，则终身用之，有不能尽者矣。

【朱子章句】

[1] 中者，不偏不倚、无过不及之名。庸，平常也。

　　天命之谓性,率性之谓道,修道之谓教。[1]道也者,不可须臾离也,可离非道也。是故君子戒慎乎其所不睹,恐惧乎其所不闻。[2]莫见乎隐,莫显乎微,故君子慎其独也。[3]喜怒哀乐之未发,谓之中;发而皆中节,谓之和。中也者,天下之大本也,和也者,天下之达道也。[4]致中和,天地位焉,万物育焉。[5]

　　右第一章。子思述所传之意以立言:首明道之本原出于天而不可易,其实体备于己而不可离,次言存养省察之要,终言圣神功化之极。盖欲学者于此反求诸身而自得之,以去夫外诱之私,而充其本然之善,杨氏所谓一篇之体要是也。其下十章,盖子思引夫子之言,以终此章之义。

【朱子章句】

　　[1]命,犹令也。性,即理也。天以阴阳五行化生万物,气以成形,而理亦赋焉,犹命令也。于是人物之生,因各得其所赋之理,以为健顺五常之德,所谓性也。率,循也。道,犹路也。人物各循其性之自然,则其日用事物之间,莫不各有当行之路,是则所谓道也。修,品节之也。性道虽同,而气禀或异,故不能无过不及之差,圣人因人物之所当行者而品节之,以为法于天下,则谓之教,若礼、乐、刑、政之属是也。盖人之所以为人,道之所以为道,圣人之所以为教,原其所自,无一不本于天而备于我。学者知之,则其于学知所用力而自不能已矣。故子思于此首发明之,读者所宜深体而默识也。

　　[2]离,去声。○道者,日用事物当行之理,皆性之德而具于心,无物不有,无时不然,所以不可须臾离也。若其可离,则为外物而非道矣。是以君子之心常存敬畏,虽不见闻,亦不敢忽,所以存天理之本然,而不使离于须臾之顷也。

　　[3]见,音现。○隐,暗处也。微,细事也。独者,人所不知而己所独知之地也。言幽暗之中,细微之事,迹虽未形而几则已动,人虽不知而己独知之,则是天下之事无有著见明显而过于此者。是以君子既常戒惧,而于此尤加谨焉,所以遏人欲于将萌,而不使其滋长于隐微之中,以至离道之

远也。

[4] 乐，音洛。 中节之中，去声。 ○喜怒哀乐，情也。 其未发，则性也，无所偏倚，故谓之中。 发皆中节，情之正也，无所乖戾，故谓之和。大本者，天命之性，天下之理皆由此出，道之体也。 达道者，循性之谓，天下古今之所共由，道之用也。 此言性情之德，以明道不可离之意。

[5] 致，推而极之也。 位者，安其所也。 育者，遂其生也。 自戒惧而约之，以至于至静之中，无少偏倚，而其守不失，则极其中而天地位矣。 自谨独而精之，以至于应物之处，无少差谬，而无适不然，则极其和而万物育矣。 盖天地万物，本吾一体，吾之心正，则天地之心亦正矣；吾之气顺，则天地之气亦顺矣，故其效验至于如此。 此学问之极功、圣人之能事，初非有待于外，而修道之教亦在其中矣。 是其一体一用虽有动静之殊，然必其体立而后用有以行，则其实亦非有两事也。 故于此合而言之，以结上文之意。

夫君子小人对待者，出于君子则入于小人矣，出于小人则入于君子矣。介然几微之辨，其当致察也。严矣时中之中，吾不敢易言之。然吾所知者，君子之时中既为中庸，小人之无忌惮为反中庸，则知无忌惮者时中之反也。时中未易至也，而忌惮无忌惮吾可以用力矣。忌则知所畏而不作，无所忌则肆而所不为矣。惮者知所恶而不行，无惮则妄行而无所不至矣。此君子小人之辨也。（元虞集《时中堂后记》）

仲尼曰："君子中庸，小人反中庸。[1]君子之中庸也，君子而时中；小人之中庸也，小人而无忌惮也。"[2]

右第二章。此下十章，皆论中庸以释首章之义。文虽不属，而意实相承也。变和言庸者，游氏曰"以性情言之，则曰中和；以德行言之，则曰中庸"是也。然中庸之中，实兼中和之义。

【朱子章句】

[1] 中庸者，不偏不倚、无过不及而平常之理，乃天命所当然，精微之极致也。唯君子为能体之，小人反是。

[2] 王肃本作"小人之反中庸也"，程子亦以为然。今从之。○君子之所以为中庸者，以其有君子之德，而又能随时以处中也。小人之所以反中庸者，以其有小人之心，而又无所忌惮也。盖中无定体，随时而在，是乃平常之理也。君子知其在我，故能戒谨不睹、恐惧不闻，而无时不中。小人不知有此，则肆欲妄行，而无所忌惮矣。

子曰："中庸其至矣乎！民鲜能久矣！"[1]

右第三章。

【朱子章句】

[1] 鲜，上声，下同。〇过则失中，不及则未至，故惟中庸之德为至。然亦人所同得，初无难事，但世教衰，民不兴行，故鲜能之，今已久矣。《论语》无能字。

呜呼！去圣已远，道学不明。中庸至德，民鲜能久。过与不及，其失之均。惟公体被中和，性涵纯粹，天降大任，先觉斯民。真宰不言，化育万物，巨浸无际，并包百川。从容庙堂，不见声色，虚一而静，漠然无心。（宋范祖禹《祭吕正献公文》）

一酌呼吾人，甘酸渍崖蜜。人生鲜知味，相饷不可失。（宋周紫芝《正月二十七日种木瓜五株》）

子曰："道之不行也，我知之矣，知者过之，愚者不及也；道之不明也，我知之矣，贤者过之，不肖者不及也。[1]人莫不饮食也，鲜能知味也。"[2]

右第四章。

【朱子章句】

[1] 知者之知，去声。〇道者，天理之当然，中而已矣。知愚贤不肖之过不及，则生禀之异而失其中也。知者知之过，既以道为不足行；愚者不及知，又不知所以行，此道之所以常不行也。贤者行之过，既以道为不足知；不肖者不及行，又不求所以知，此道之所以常不明也。

[2] 道不可离，人自不察，是以有过不及之弊。

子曰："道其不行矣夫！"[1]

右第五章。此章承上章而举其不行之端，以起下章之意。

【朱子章句】

[1] 夫，音扶。 ○由不明，故不行。

天下已乱，生民已弊，无有为拯而药之者之士也，方相轧以辞章，相高以韵语，相夸以藻丽，不知何以尧舜其君民也。道其不行矣夫！（元郝经《上紫阳先生论学书》）

子曰："舜其大知也与！舜好问而好察迩言，隐恶而扬善，执其两端，用其中于民，其斯以为舜乎！"[1]

右第六章。

【朱子章句】

[1]知，去声。与，平声。好，去声。○舜之所以为大知者，以其不自用而取诸人也。迩言者，浅近之言，犹必察焉，其无遗善可知。然于其言之未善者则隐而不宣，其善者则播而不匿，其广大光明又如此，则人孰不乐告以善哉？两端，谓众论不同之极致。盖凡物皆有两端，如小大、厚薄之类。于善之中又执其两端而量度以取中，然后用之，则其择之审而行之至矣。然非在我之权度精切不差，何以与此？此知之所以无过不及，而道之所以行也。

《夏小正》注引："天河东西，浆洗寒衣。"《国语》注引古语："土长冒橛，陈根可拔，耕者急发。"《四民月令》引农谚："三月昏，参星夕。杏叶盛，桑叶白。"又云："杏子开花，可耕白沙。"又："贷我东墙，偿我白粱。"先儒皆以解经，不但诗词之资而已。诗询刍荛，舜察迩言，良有以哉。（明杨慎《丹铅总录》卷十九）

子曰："人皆曰'予知'，驱而纳诸罟攫陷阱之中，而莫之知辟也。人皆曰'予知'，择乎中庸而不能期月守也。"[1]

　　右第七章。承上章大知而言，又举不明之端，以起下章也。

【朱子章句】

[1] 予知之知，去声。罟，音古。攫，胡化反。阱，才性反。辟避同。期，居之反。○罟，网也；攫，机槛也；陷阱，坑坎也，皆所以掩取禽兽者也。择乎中庸，辨别众理，以求所谓中庸，即上章好问、用中之事也。期月，匝一月也。言知祸而不知辟，以况能择而不能守，皆不得为知也。

足感动于旁观，况爱钟于天性。遂形尺牍，仰布寸诚，虽纳罟攫而弗知，已非善避；然蹈水火而求免，惟在疾呼。（宋许景衡《代钟震谢石守启》）

子曰："回之为人也，择乎中庸，得一善，则拳拳服膺而弗失之矣。"[1]

右第八章。

【朱子章句】

[1] 回，孔子弟子颜渊名。拳拳，奉持之貌。服，犹著也。膺，胸也。奉持而著之心胸之间，言能守也。颜子盖真知之，故能择能守如此，此行之所以无过不及，而道之所以明也。

於戏府君体含弘之素履，秉冲邈之高烈。言必主于忠信，行不违于直方。清白为吏者之师，死生敦交友之分。端一之操，不以夷险概其怀；坚明之姿，不以雪霜易其令。用情不间于疏远，泛爱莫遗于贱贫。拳拳服膺，终始靡二。故所居则化，所去见思，人到于今称之，斯不朽矣。（唐颜真卿《郭公庙碑铭》）

子曰：“天下国家可均也，爵禄可辞也，白刃可蹈也，中庸不可能也。”[1]

右第九章。亦承上章以起下章。

【朱子章句】

[1] 均，平治也。三者亦知、仁、勇之事，天下之至难也，然不必其合于中庸，则质之近似者皆能以力为之。若中庸，则虽不必皆如三者之难，然非义精仁熟而无一毫人欲之私者，不能及也。三者难而易，中庸易而难，此民之所以鲜能也。

呜呼！公岂不知此行之必死哉？其鼎鼎数千里而来者，非赴嘉召也，直趋死如归耳。故曰，白刃可蹈，中庸不可能，其在是欤！
（宋岳珂《鄂武穆王岳公真赞序》）

北方之强欤,十有二姓强哉矫;部落之雄者,康执兵柄缅乎眇;特进诞生兮,实登邦政德不扰;曒女灭国兮,乌苏不竟愠群小。(唐颜真卿《康公神道碑》)

　　子路问强。[1]子曰:"南方之强与? 北方之强与? 抑而强与?[2]宽柔以教,不报无道,南方之强也,君子居之。[3]衽金革,死而不厌,北方之强也,而强者居之。[4]故君子和而不流,强哉矫! 中立而不倚,强哉矫! 国有道,不变塞焉,强哉矫! 国无道,至死不变,强哉矫!"[5]

　　右第十章。

【朱子章句】

[1] 子路,孔子弟子仲由也。 子路好勇,故问强。

[2] 与,平声。○抑,语辞。 而,汝也。

[3] 宽柔以教,谓含容巽顺以诲人之不及也。 不报无道,谓横逆之来,直受之而不报也。 南方风气柔弱,故以含忍之力胜人为强,君子之道也。

[4] 衽,席也。 金,戈兵之属。 革,甲胄之属。 北方风气刚劲,故以果敢之力胜人为强,强者之事也。

[5] 此四者,汝之所当强也。 矫,强貌。 《诗》曰"矫矫虎臣"是也。 倚,偏著也。 塞,未达也。 国有道,不变未达之所守;国无道,不变平生之所守也。 此则所谓中庸之不可能者,非有以自胜其人欲之私,不能择而守也。 君子之强,孰大于是? 夫子以是告子路者,所以抑其血气之刚,而进之以德义之勇也。

子曰："素隐行怪，后世有述焉，吾弗为之矣。[1]君子遵道而行，半涂而废，吾弗能已矣。[2]君子依乎中庸，遁世不见知而不悔，唯圣者能之。"[3]

右第十一章。子思所引夫子之言，以明首章之义者止此。盖此篇大旨，以知、仁、勇三达德为入道之门。故于篇首，即以大舜、颜渊、子路之事明之。舜，知也；颜渊，仁也；子路，勇也。三者废其一，则无以造道而成德矣。余见第二十章。

【朱子章句】

[1] 素，按《汉书》当作索，盖字之误也。索隐行怪，言深求隐僻之理，而过为诡异之行也。然以其足以欺世而盗名，故后世或有称述之者。此知之过而不择乎善，行之过而不用其中，不当强而强者也，圣人岂为之哉！

[2] 遵道而行，则能择乎善矣；半涂而废，则力之不足也。此其知虽足以及之，而行有不逮，当强而不强者也。已，止也。圣人于此，非勉焉而不敢废，盖至诚无息，自有所不能止也。

[3] 不为索隐行怪，则依乎中庸而已。不能半涂而废，是以遁世不见知而不悔也。此中庸之成德，知之尽、仁之至、不赖勇而裕如者，正吾夫子之事，而犹不自居也。故曰"唯圣者能之"而已。

独以先有当世贵显高名者为之宗，自足以鼓舞气势，相与踊跃于其间。此则一时士习，好名高而不知求其心，为遁世不见知而不悔之学，则流风之弊也。（明归有光《送王子敬之任建宁序》）

君子之道费而隐。[1]夫妇之愚，可以与知焉，及其至也，虽圣人亦有所不知焉；夫妇之不肖，可以能行焉，及其至也，虽圣人亦有所不能焉。天地之大也，人犹有所憾。故君子语大，天下莫能载焉；语小，天下莫能破焉。[2]《诗》云："鸢飞戾天，鱼跃于渊。"言其上下察也。[3]君子之道，造端乎夫妇，及其至也，察乎天地。[4]

　　右第十二章。子思之言，盖以申明首章道不可离之意也。其下八章，杂引孔子之言以明之。

【朱子章句】

[1] 费，符味反。○费，用之广也。隐，体之微也。

[2] 与，去声。○君子之道，近自夫妇居室之间，远而至于圣人天地所不能尽，其大无外，其小无内，可谓费矣。然其理之所以然，则隐而莫之见也。盖可知可能者，道中之一事，及其至而圣人不知不能。则举全体而言，圣人固有所不能尽也。侯氏曰："圣人所不知，如孔子问礼、问官之类；所不能，如孔子不得位、尧舜病博施之类。"愚谓人所憾于天地，如覆载生成之偏，及寒暑灾祥之不得其正者。

[3] 鸢，余专反。○《诗·大雅·旱麓》之篇。鸢，鸱类。戾，至也。察，著也。子思引此诗以明化育流行，上下昭著，莫非此理之用，所谓费也。然其所以然者，则非见闻所及，所谓隐也。故程子曰："此一节，子思吃紧为人处，活泼泼地。"读者其致思焉。

[4] 结上文。

左栏批注：

所以选此诗者，不专为拗字而止。"身随腐草化"，所谓语小莫能破；"名与太山俱"，所谓语大莫能载。（元方回《瀛奎律髓·黄庭坚·次韵杨明叔》注）

广莫垂风隘九州，乱山无数点平畴。一千里外在吾目，三十年来无此游。地下天高俱历历，鸢飞鱼跃两悠悠。昌黎费尽南山句，旷远还能似此不。（宋楼钥《南山广莫轩》）

子曰："道不远人。人之为道而远人，不可以为道。[1]《诗》云：'伐柯伐柯，其则不远。'执柯以伐柯，睨而视之，犹以为远。故君子以人治人，改而止。[2]忠恕违道不远，施诸己而不愿，亦勿施于人。[3]君子之道四，丘未能一焉：所求乎子，以事父，未能也；所求乎臣，以事君，未能也；所求乎弟，以事兄，未能也；所求乎朋友，先施之，未能也。庸德之行，庸言之谨，有所不足，不敢不勉，有余不敢尽。言顾行，行顾言，君子胡不慥慥尔！"[4]

右第十三章。"道不远人"者，夫妇所能，丘未能一者，圣人所不能，皆费也。而其所以然者，则至隐存焉。下章放此。

【朱子章句】

[1] 道者，率性而已，固众人之所能知能行者也，故常不远于人。若为道者，厌其卑近以为不足为，而反务为高远难行之事，则非所以为道矣。

[2] 睨，研计反。○《诗·豳风·伐柯》之篇。柯，斧柄。则，法也。睨，邪视也。言人执柯伐木以为柯者，彼柯长短之法，在此柯耳。然犹有彼此之别，故伐者视之犹以为远。若以人治人，则所以为人之道，各在当人之身，初无彼此之别。故君子之治人也，即以其人之道，还治其人之身。其人能改，即止不治。盖责之以其所能知能行，非欲其远人以为道也。张子所谓"以众人望人则易从"是也。

[3] 尽己之心为忠，推己及人为恕。违，去也，如《春秋传》齐师"违榖七里"之违。言自此至彼，相去不远，非背而去之之谓也。道，即其不远人者是也。施诸己而不愿，亦勿施于人，忠恕之事也。以己之心度人之心，未尝不同，则道之不远于人者可见。故己之所不欲，则勿以施之于人，亦不远人以为道之事。张子所谓"以爱己之心爱人则尽仁"是也。

[4] 子、臣、弟、友，四字绝句。○求，犹责也。道不远人，凡己之所以责人者，皆道之所当然也，故反之以自责而自修焉。庸，平常也。行者，践其实。谨者，择其可。德不足而勉，则行益力；言有余而切，则谨益至。谨之至则言顾行矣，行之力则行顾言矣。慥慥，笃实貌。言君子之言行如此，岂不慥慥乎！赞美之也。凡此皆不远人以为道之事。张子所谓"以责人之心责己则尽道"是也。

孔子称有一言而可以终身行之者，其恕乎。《诗》云"执柯伐柯，其则不远"，言以其所愿乎上交乎下，以其所愿乎下事乎上，不远求也。介甫素刚直，每议事于人主前，如与朋友争辩于私室，不少降辞气，视斧钺鼎镬无如也；及宾客僚属谒见论事，则唯希意迎合、曲从如流者亲而礼之，或所见小异，微言新令之不便者，介甫辄艴然加怒，或诟詈以辱之，或言于上而逐之，不待其辞之毕也。明主宽容如此而介甫拒谏乃尔，无乃不足于恕乎？（宋司马光《与王介甫书》）

念尔强学殖，非贯早从师。温温禀义方，慥慥习书诗。计偕来上国，宴喜方怡怡。经术既修明，艺文亦葳蕤。（唐权德舆《送别院汎》）

君子素其位而行,不愿乎其外。[1]素富贵,行乎富贵;素贫贱,行乎贫贱;素夷狄,行乎夷狄;素患难,行乎患难,君子无入而不自得焉。[2]在上位不陵下,在下位不援上,正己而不求于人则无怨。 上不怨天,下不尤人。[3]故君子居易以俟命,小人行险以徼幸。[4]子曰:"射有似乎君子,失诸正鹄,反求诸其身。"[5]

右第十四章。子思之言也。凡章首无"子曰"字者放此。

【朱子章句】

[1] 素,犹见在也。 言君子但因见在所居之位而为其所当为,无慕乎其外之心也。

[2] 难,去声。 〇此言素其位而行也。

[3] 援,平声。 〇此言不愿乎其外也。

[4] 易,去声。 〇易,平地也。 居易,素位而行也。 俟命,不愿乎外也。 徼,求也。 幸,谓所不当得而得者。

[5] 正,音征。 鹄,工毒反。 〇画布曰正,栖皮曰鹄,皆侯之中、射之的也。 子思引此孔子之言,以结上文之意。

君子之道，辟如行远必自迩，辟如登高必自卑。[1]《诗》曰："妻子好合，如鼓瑟琴。兄弟既翕，和乐且耽。宜尔室家，乐尔妻帑。"[2]子曰："父母其顺矣乎！"[3]

右第十五章。

【朱子章句】

[1] 辟譬同。

[2] 好，去声。耽，《诗》作湛，亦音耽。乐，音洛。○《诗·小雅·常棣》之篇。鼓瑟琴，和也。翕，亦合也。耽，亦乐也。帑，子孙也。

[3] 夫子诵此诗而赞之曰：人能和于妻子、宜于兄弟如此，则父母其安乐之矣。子思引《诗》及此语，以明行远自迩、登高自卑之意。

昔蘧瑗识四十九非，颜子几三月不违。跬步无已，至于千里，覆一篑进，及于万仞。故云行远自迩，登高自卑，可大可久，与世推移。月满如规，后夜则亏，槿荣于枝，望暮而萎。夫奚益而非损，孰有损而不害？益不欲多，利不欲大，唯居德者畏其甚，体真者惧其大。道尊则群谤集，任重而众怨会。其达也则尼父栖遑，其忠也而周公狼狈。（《北齐书·魏收传》）

子曰：“鬼神之为德，其盛矣乎！[1]视之而弗见，听之而弗闻，体物而不可遗。[2]使天下之人齐明盛服，以承祭祀。洋洋乎！如在其上，如在其左右。[3]《诗》曰：‘神之格思，不可度思，矧可射思！’[4]夫微之显，诚之不可掩如此夫！”[5]

右第十六章。不见不闻，隐也。体物如在，则亦费矣。此前三章，以其费之小者而言。此后三章，以其费之大者而言。此一章，兼费隐、包大小而言。

【朱子章句】

[1] 程子曰：“鬼神，天地之功用，而造化之迹也。”张子曰：“鬼神者，二气之良能也。”愚谓以二气言，则鬼者阴之灵也，神者阳之灵也。以一气言，则至而伸者为神，反而归者为鬼，其实一物而已。为德，犹言性情功效。

[2] 鬼神无形与声，然物之终始，莫非阴阳合散之所为，是其为物之体，而物所不能遗也。其言体物，犹《易》所谓“干事”。

[3] 齐，侧皆反。○齐之为言齐也，所以齐不齐而致其齐也。明，犹洁也。洋洋，流动充满之意。能使人畏敬奉承，而发见昭著如此，乃其“体物而不可遗”之验也。孔子曰：“其气发扬于上为昭明，焄蒿凄怆。此百物之精也，神之著也。”正谓此尔。

[4] 度，待洛反。射，音亦，《诗》作斁。○《诗·大雅·抑》之篇。格，来也。矧，况也。射，厌也，言厌怠而不敬也。思，语辞。

[5] 夫，音扶。○诚者，真实无妄之谓。阴阳合散，无非实者。故其发见之不可掩如此。

格物之学莫近于《诗》：关关之雎，挚有别也；呦呦之鹿，食相呼也；德如鸤鸠，言均一也；德如羔羊，取纯洁也；仁如驺虞，不嗜杀也；鸳鸯在梁，得所止也；桑扈啄粟，失其性也；仓庚，阳之候也；鸣鵙，阴之兆也；蒹葭露霜，变也；桃虫拚飞，化也；鹤鸣于九皋，声闻于野，诚不可掩也；鸢飞戾天，鱼跃于渊，道无不在也。（宋王应麟《困学纪闻》卷三）

子曰："舜其大孝也与！德为圣人，尊为天子，富有四海之内，宗庙飨之，子孙保之。[1] 故大德必得其位，必得其禄，必得其名，必得其寿。[2] 故天之生物，必因其材而笃焉。故栽者培之，倾者覆之。[3]《诗》曰：'嘉乐君子，宪宪令德。宜民宜人，受禄于天。保佑命之，自天申之。'[4] 故大德者必受命。"[5]

　　右第十七章。此由庸行之常，推之以极其至，见道之用广也。而其所以然者，则为体微矣。后二章亦此意。

【朱子章句】

[1] 与，平声。○子孙，谓虞思、陈胡公之属。

[2] 舜年百有十岁。

[3] 材，质也。笃，厚也。栽，植也。气至而滋息为培，气反而游散则覆。

[4]《诗·大雅·假乐》之篇。假，当依此作嘉。宪，当依《诗》作显。申，重也。

[5] 受命者，受天命为天子也。

具官臣某等言：伏惟圣敬文思和武光孝皇帝陛下，天覆地容，尧仁舜孝，四海波静，三春物华。故于彤庭大开锡宴，窃以三事大僚，百司庶府，愿持玉卮，上千万寿。未敢专擅，伏俟德音，轻渎宸严，无任战越之至。（唐杜牧《内宴请上寿酒》）

且天生万物，因材而笃诸。栽者厚其生，倾者不尔扶。譬彼青衿子，致养在厥初。必扩心与志，毋适尺寸肤。（元王恽《青青两桐树示儿子阿孺》）

臣又闻夫孝者善继人之志，善述人之事。故父作子述，记美文王无忧；尽循尧道，史以虞舜为圣。伏愿陛下体先帝之至孝，以奉先帝之法度，以执长乐之子道，则纯心达乎宗庙矣。（宋陈舜俞《上英宗皇帝书》）

"父母之丧，无贵贱，一也"即解上"三年之丧达乎天子"一句。此举其重者而言。然三年之丧不止父母，左氏昭公十五年《传》："王一岁而有三年之丧二焉"，谓穆母与太子、王后。谓之三年者，据"达子之志"而言其实期也。是天子亦有期丧。（清顾炎武《日知录》卷六）

子曰："无忧者，其惟文王乎！ 以王季为父，以武王为子，父作之，子述之。[1]武王缵大王、王季、文王之绪，壹戎衣而有天下，身不失天下之显名。 尊为天子，富有四海之内，宗庙飨之，子孙保之。[2]武王末受命，周公成文、武之德，追王大王、王季，上祀先公以天子之礼。 斯礼也，达乎诸侯、大夫，及士、庶人。 父为大夫，子为士，葬以大夫，祭以士。 父为士，子为大夫，葬以士，祭以大夫。 期之丧，达乎大夫。 三年之丧，达乎天子。 父母之丧，无贵贱，一也。"[3]

右第十八章。

【朱子章句】

[1] 此言文王之事。《书》言"王季其勤王家"，盖其所作，亦积功累仁之事也。

[2] 大，音泰，下同。〇此言武王之事。 缵，继也。 大王，王季之父也。《书》云："大王肇基王迹。"《诗》云："至于大王，实始翦商"。绪，业也。 戎衣，甲胄之属。 壹戎衣，《武成》文，言一著戎衣以伐纣也。

[3] 追王之王，去声。〇此言周公之事。 末，犹老也。 追王，盖推文、武之意，以及乎王迹之所起也。 先公，组绀以上至后稷也。 上祀先公以天子之礼，又推大王、王季之意，以及于无穷也。 制为礼法，以及天下，使葬用死者之爵，祭用生者之禄。 丧服自期以下，诸侯绝，大夫降；而父母之丧，上下同之，推己以及人也。

子曰："武王、周公，其达孝矣乎！[1] 夫孝者，善继人之志，善述人之事者也。[2] 春秋修其祖庙，陈其宗器，设其裳衣，荐其时食。[3] 宗庙之礼，所以序昭穆也。序爵，所以辨贵贱也；序事，所以辨贤也。旅酬，下为上，所以逮贱也；燕毛，所以序齿也。[4] 践其位，行其礼，奏其乐，敬其所尊，爱其所亲，事死如事生，事亡如事存，孝之至也。[5] 郊社之礼，所以事上帝也，宗庙之礼，所以祀乎其先也。明乎郊社之礼、禘尝之义，治国其如示诸掌乎！"[6]

右第十九章。

【朱子章句】

[1] 达，通也。承上章而言武王、周公之孝，乃天下之人通谓之孝，犹孟子之言达尊也。

[2] 上章言武王缵大王、王季、文王之绪以有天下，而周公成文、武之德以追崇其先祖，此继志、述事之大者也。下文又以其所制祭祀之礼，通于上下者言之。

[3] 祖庙：天子七，诸侯五，大夫三，适士二，官师一。宗器，先世所藏之重器，若周之赤刀、大训、天球、河图之属也。裳衣，先祖之遗衣服，祭则设之以授尸也。时食，四时之食，各有其物，如春行羔、豚、膳、膏、香之类是也。

[4] 昭，如字。为，去声。〇宗庙之次：左为昭，右为穆，而子孙亦以为序。有事于太庙，则子姓、兄弟、群昭、群穆咸在而不失其伦焉。爵，公、侯、卿、大夫也。事，宗祝有司之职事也。旅，众也。酬，导饮也。旅酬之礼，宾弟子、兄弟之子各举觯于其长而众相酬。盖宗庙之中，以有事为荣，故逮及贱者，使亦得以申其敬也。燕毛，祭毕而燕，则以毛发之色别长幼，为坐次也。齿，年数也。

[5] 践，犹履也。其，指先王也。所尊、所亲，先王之祖考、子孙、臣庶也。始死谓之死，既葬则曰反而亡焉，皆指先王也。此结上文两节，皆继志、述事之意也。

[6] 郊，祀天。社，祭地。不言后土者，省文也。禘，天子宗庙之

大祭，追祭太祖之所自出于太庙，而以太祖配之也。 尝，秋祭也。 四时皆祭，举其一耳。 礼必有义，对举之，互文也。 示，与视同。 视诸掌，言易见也。 此与《论语》文意大同小异，记有详略耳。

哀公问政。[1]子曰："文、武之政，布在方策。其人存，则其政举；其人亡，则其政息。[2]人道敏政，地道敏树。夫政也者，蒲卢也。[3]故为政在人，取人以身，修身以道，修道以仁。[4]仁者，人也，亲亲为大。义者，宜也，尊贤为大。亲亲之杀，尊贤之等，礼所生也。[5]在下位不获乎上，民不可得而治矣！[6]故君子不可以不修身；思修身，不可以不事亲；思事亲，不可以不知人；思知人，不可以不知天。[7]天下之达道五，所以行之者三。曰君臣也，父子也，夫妇也，昆弟也，朋友之交也，五者天下之达道也。知、仁、勇三者，天下之达德也。所以行之者一也。[8]或生而知之，或学而知之，或困而知之，及其知之，一也。或安而行之，或利而行之，或勉强而行之，及其成功，一也。[9]子曰："好学近乎知，力行近乎仁，知耻近乎勇。"[10]知斯三者，则知所以修身；知所以修身，则知所以治人；知所以治人，则知所以治天下国家矣。[11]凡为天下国家有九经，曰修身也，尊贤也，亲亲也，敬大臣也，体群臣也，子庶民也，来百工也，柔远人也，怀诸侯也。[12]修身则道立，尊贤则不惑，亲亲则诸父昆弟不怨，敬大臣则不眩，体群臣则士之报礼重，子庶民则百姓劝，来百工则财用足，柔远人则四方归之，怀诸侯则天下畏之。[13]齐明盛服，非礼不动，所以修身也；去谗远色，贱货而贵德，所以劝贤也；尊其位，重其禄，同其好恶，所以劝亲亲也；官盛任使，所以劝大臣也；忠信重禄，所以劝士也；时使薄敛，所以劝百姓也；日省月试，既禀称事，所以劝百工也；送往迎来，嘉善而矜不能，所以柔远人也；继绝世，举废国，治乱持危，朝聘以时，厚往而薄来，所以怀诸侯也。[14]凡为天下国家有九经，所以行之者一也。[15]凡事豫则立，不豫则废。言前定则不跲，事前定则不困，行前定则不疚，道前定则不穷。[16]在下位不获乎上，民不可得而治矣；获乎上有道，不信乎朋友，不获乎上矣；信乎朋友有道，不顺乎亲，不信乎朋友矣；

《尔雅》云："蒲卢，虫也。"唐敬括《蒲卢赋》云"究政化之所归，于蒲卢而可见，负么麽之异族"云云，全篇以为虫属也。韩致尧诗云"窗里日光飞野马，案头筠管长蒲卢"，亦言虫也。朱子引沈存中"蒲苇"，与《尔雅》、唐赋大异。（明徐𤊹《徐氏笔精》）

或曰，高曾祖考祭则俱祭，古人具有成法，不当随时加损。答之曰，凡礼皆以义起耳。《礼》有云上杀、旁杀、下杀，《中庸》言亲亲之杀，是古人于礼，凡事皆有等杀，况丧礼服制，父母皆服三年，而高祖则齐衰三月，是丧礼已有等杀，何独于祭礼不可行乎？此虽创举，恐不无补于风教也。（清顾炎武《日知录》卷十四）

公既获乎上，民赖以宽，有所废置，皆争趋和，乃大治。版籍期会，简稽出纳，悉就绳尺，密而不烦，严而不迫。（宋吕祖谦《薛常州墓志铭》）

天生孔子，纵之为圣。生知安行，仁义中正。师道兴起，从游三千。往圣是继，道统流传。六经既明，以诏后世。（明宪宗《阙里孔子庙》）

顺乎亲有道，反诸身不诚，不顺乎亲矣；诚身有道，不明乎善，不诚乎身矣。[17]诚者，天之道也；诚之者，人之道也。诚者，不勉而中，不思而得，从容中道，圣人也。诚之者，择善而固执之者也。[18]博学之，审问之，慎思之，明辨之，笃行之。[19]有弗学，学之弗能弗措也；有弗问，问之弗知弗措也；有弗思，思之弗得弗措也；有弗辨，辨之弗明弗措也；有弗行，行之弗笃弗措也。人一能之，己百之；人十能之，己千之。[20]果能此道矣，虽愚必明，虽柔必强。[21]

　　右第二十章。此引孔子之言，以继大舜、文、武、周公之绪，明其所传之一致，举而措之，亦犹是耳。盖包费隐，兼小大，以终十二章之意。章内语诚始详，而所谓诚者，实此篇之枢纽也。又按：《孔子家语》亦载此章，而其文尤详。"成功一也"之下，有"公曰：子之言美矣！至矣！寡人实固，不足以成之也。"故其下复以"子曰"起答辞。今无此问词，而犹有"子曰"二字，盖子思删其繁文以附于篇，而所删有不尽者，今当为衍文也。"博学之"以下，《家语》无之，意彼有阙文，抑此或子思所补也欤？

【朱子章句】

[1] 哀公，鲁君，名蒋。

[2] 方，版也。策，简也。息，犹灭也。有是君，有是臣，则有是政矣。

[3] 夫，音扶。○敏，速也。蒲卢，沈括以为蒲苇是也。以人立政，犹以地种树，其成速矣，而蒲苇又易生之物，其成尤速也。言人存政举，其易如此。

[4] 此承上文人道敏政而言也。为政在人，《家语》作"为政在于得人"，语意尤备。人，谓贤臣。身，指君身。道者，天下之达道。仁者，天地生物之心，而人得以生者，所谓"元者善之长"也。言人君为政在于得人，而取人之则又在修身。能仁其身，则有君有臣，而政无不举矣。

[5] 杀，去声。○人，指人身而言。 具此生理，自然便有恻怛慈爱之意，深体味之可见。 宜者，分别事理，各有所宜也。 礼，则节文斯二者而已。

[6] 郑氏曰："此句在下，误重在此。"

[7] "为政在人，取人以身"，故不可以不修身。 "修身以道，修道以仁"，故思修身，不可以不事亲。 欲尽亲亲之仁，必由尊贤之义，故又当知人。 亲亲之杀，尊贤之等，皆天理也，故又当知天。

[8] 知，去声。○达道者，天下古今所共由之路，即《书》所谓五典，《孟子》所谓"父子有亲，君臣有义，夫妇有别，长幼有序，朋友有信"是也。 知，所以知此也。 仁，所以体此也。 勇，所以强此也。 谓之达德者，天下古今所同得之理也。 一，则诚而已矣。 达道虽人所共由，然无是三德，则无以行之。 达德虽人所同得，然一有不诚，则人欲间之，而德非其德矣。 程子曰："所谓诚者，止是诚实此三者。 三者之外，更别无诚。"

[9] 强，上声。○知之者之所知，行之者之所行，谓达道也。 以其分而言，则所以知者知也，所以行者仁也，所以至于知之、成功而一者勇也。 以其等而言，则生知、安行者知也，学知、利行者仁也，困知、勉行者勇也。 盖人性虽无不善，而气禀有不同者，故闻道有蚤莫，行道有难易，然能自强不息，则其至一也。 吕氏曰："所入之涂虽异，而所至之域则同，此所以为中庸。 若乃企生知、安行之资为不可几及，轻困知、勉行谓不能有成，此道之所以不明不行也。"

[10] "子曰"二字，衍文。 好、近乎知之知，并去声。○此言未及乎达德而求以入德之事。 通上文三知为知，三行为仁，则此三近者，勇之次也。 吕氏曰："愚者自是而不求，自私者徇人欲而忘反，懦者甘为人下而不辞。 故好学非知，然足以破愚；力行非仁，然足以忘私；知耻非勇，然足以起懦。"

[11] 斯三者，指三近而言。 人者，对己之称。 天下国家，则尽乎人矣。 言此以结上文修身之意，起下文九经之端也。

[12] 经，常也。 体，谓设以身处其地而察其心也。 子，如父母之爱其子。 柔远人，所谓无忘宾旅者也。 此列九经之目也。 吕氏曰："天下国家之本在身，故修身为九经之本。 然必亲师取友，然后修身之道进，故尊贤

夫公所以爱英而教之，凡于明善诚身之方，宜至备矣，余何言？世之人爱其子，谆谆而训之，固望其能敬承佩服，不愆不遗。然藐焉听之，忽焉亡之，如授简无几而遂失者，盖有之矣。（明 杨士奇《承训斋记》）

颓唐遂往，长辞远逝，漂不还兮。赖蒙圣化，从容中道，乐不淫兮。条畅洞达，中节操兮。终诗卒曲，尚馀音兮。（汉 王褒《洞箫赋》）

窃闻王补之性至钝，每课百字，至五百遍始能成诵。然精苦不已，积久忽自通达，王补之名闻于四海。故知学者有不勉耳，勉之其有不至者乎？性之利钝不计也。子思：有弗学，学之弗能弗措也；有弗思，思之弗得弗措也；有弗辨，辨之弗明弗措也；有弗行，行之弗笃弗措也。人一能之己百之，人十能之己千之，若是者，虽愚必明，虽柔必强。（宋 施德操《北窗炙輠录》卷下）

次之。道之所进，莫先其家，故亲亲次之。由家以及朝廷，故敬大臣、体群臣次之。由朝廷以及其国，故子庶民、来百工次之。由其国以及天下，故柔远人、怀诸侯次之。此九经之序也。"视群臣犹吾四体，视百姓犹吾子，此视臣、视民之别也。

[13] 此言九经之效也。道立，谓道成于己而可为民表，所谓"皇建其有极"是也。不惑，谓不疑于理。不眩，谓不迷于事。敬大臣，则信任专而小臣不得以间之，故临事而不眩也。来百工，则通功易事，农末相资，故财用足。柔远人，则天下之旅皆悦而愿出于其涂，故四方归。怀诸侯，则德之所施者博，而威之所制者广矣，故曰"天下畏之"。

[14] 齐，侧皆反。去，上声。远、好、恶、敛，并去声。既，许气反。禀，彼锦、力锦二反。称，去声。朝，音潮。○此言九经之事也。官盛任使，谓官属众盛，足任使令之，盖大臣不当亲细事，故所以优之者如此。忠信重禄，谓待之诚而养之厚，盖以身体之，而知其所赖乎上者如此也。既，读口忾。饩禀，稍食也。称事，如《周礼》稿人职曰"考其弓弩，以上下其食"是也。往则为之授节以送之，来则丰其委积以迎之。朝，谓诸侯见于天子。聘，谓诸侯使大夫来献。《王制》："比年一小聘，三年一大聘，五年一朝。"厚往薄来，谓燕赐厚而纳贡薄。

[15] 一者，诚也。一有不诚，则是九者皆为虚文矣。此九经之实也。

[16] 跲，其劫反。行，去声。○凡事，指达道、达德、九经之属。豫，素定也。跲，踬也。疚，病也。此承上文，言凡事皆欲先立乎诚，如下文所推是也。

[17] 此又以在下位者，推言素定之意。反诸身不诚，谓反求诸身而所存所发未能真实而无妄也。不明乎善，谓未能察于人心天命之本然，而真知至善之所在也。

[18] 中，并去声。从，七容反。○此承上文"诚身"而言。诚者，真实无妄之谓，天理之本然也。诚之者，未能真实无妄，而欲其真实无妄之谓，人事之当然也。圣人之德，浑然天理，真实无妄，不待思勉而从容中道，则亦天之道也。未至于圣，则不能无人欲之私，而其为德不能皆实。故未能不思而得，则必择善，然后可以明善；未能不勉而中，则必固执，然后可以诚身，此则所谓人之道也。不思而得，生知也。不勉而中，安行

也。 择善，学知以下之事。 固执，利行以下之事也。

[19] 此"诚之"之目也。 学、问、思、辨，所以择善而为知，学而知也。
笃行，所以固执而为仁，利而行也。 程子曰："五者废其一，非学也。"

[20] 君子之学，不为则已，为则必要其成，故常百倍其功。 此困而知、
勉而行者也，勇之事也。

[21] 明者，择善之功。 强者，固执之效。 吕氏曰："君子所以学者，为
能变化气质而已。 德胜气质，则愚者可进于明，柔者可进于强。 不能胜
之，则虽有志于学，亦愚不能明，柔不能立而已矣。 盖均善而无恶者，性
也，人所同也；昏明强弱之禀不齐者，才也，人所异也。 诚之者，所以反其
同而变其异也。 夫以不美之质，求变而美，非百倍其功，不足以致之。 今
以卤莽灭裂之学，或作或辍，以变其不美之质，及不能变，则曰天质不美，
非学所能变。 是果于自弃，其为不仁甚矣！"

天以一生水，地以六
成之。一六合而水可
见，虽有神禹不能知
其孰为一孰为六也。
子思子曰："自诚明谓
之性，自明诚谓之教。
诚则明矣，明则诚
矣。"诚明合而道可
见，虽有黄帝、孔丘不
能知其孰为诚孰为明
也。（宋苏轼《送钱塘
僧思聪归孤山叙》）

自诚明，谓之性；自明诚，谓之教。诚则明矣，明则诚矣。[1]

　　右第二十一章。子思承上章夫子天道、人道之意而立言也。自此以下十二章，皆子思之言，以反复推明此章之意。

【朱子章句】

[1] 自，由也。德无不实而明无不照者，圣人之德，所性而有者也，天道也。先明乎善而后能实其善者，贤人之学，由教而入者也，人道也。诚则无不明矣，明则可以至于诚矣。

唯天下至诚，为能尽其性；能尽其性，则能尽人之性；能尽人之性，则能尽物之性；能尽物之性，则可以赞天地之化育；可以赞天地之化育，则可以与天地参矣。[1]

右第二十二章。言天道也。

【朱子章句】

[1] 天下至诚，谓圣人之德之实，天下莫能加也。尽其性者，德无不实，故无人欲之私，而天命之在我者，察之由之，巨细精粗，无毫发之不尽也。人物之性，亦我之性，但以所赋形气不同而有异耳。能尽之者，谓知之无不明而处之无不当也。赞，犹助也。与天地参，谓与天地并立为三也。此自诚而明者之事也。

胸中剩有愁千斛，阊门百指颜公粥。紫微好善嗤洪汤，眉间和气如时旸。行归廊庙赞化育，善人宜赏淫人殃。（宋王十朋《又次闵雨韵》）

其次致曲。曲能有诚，诚则形，形则著，著则明，明则动，动则变，变则化。唯天下至诚为能化。[1]

右第二十三章。言人道也。

【朱子章句】

[1] 其次，通大贤以下凡诚有未至者而言也。致，推致也。曲，一偏也。形者，积中而发外。著，则又加显矣。明，则又有光辉发越之盛也。动者，诚能动物。变者，物从而变。化，则有不知其所以然者。盖人之性无不同，而气则有异，故惟圣人能举其性之全体而尽之。其次，则必自其善端发见之偏，而悉推致之，以各造其极也。曲无不致，则德无不实，而形、著、动、变之功自不能已。积而至于能化，则其至诚之妙，亦不异于圣人矣。

至诚之道，可以前知。国家将兴，必有祯祥；国家将亡，必有妖孽；见乎蓍龟，动乎四体。祸福将至：善，必先知之；不善，必先知之。故至诚如神。[1]

右第二十四章。言天道也。

【朱子章句】

[1] 见，音现。○祯祥者，福之兆。妖孽者，祸之萌。蓍，所以筮。龟，所以卜。四体，谓动作威仪之间，如执玉高卑，其容俯仰之类。凡此皆理之先见者也。然唯诚之至极，而无一毫私伪留于心目之间者，乃能有以察其　焉。神，谓鬼神。

则天命左右起之，拊公背曰："岂朕之臣社稷之臣耶！"已而奏曰："还宫无仪，孰为太子？"复置庐陵王于龙门，备礼以迎，中外大悦。于嗟乎！定天下之业，断天下之疑，其至诚如神，雷霆之威不得而变乎！（宋范仲淹《唐狄梁公碑》）

孔门独颜子为好学，所问曰为仁、曰为邦，成己成物，体用本末备矣。（宋王应麟《困学纪闻》卷七）

诚者自成也，而道自道也。[1]诚者物之终始，不诚无物。是故君子诚之为贵。[2]诚者非自成己而已也，所以成物也。成己，仁也；成物，知也。性之德也，合外内之道也，故时措之宜也。[3]

右第二十五章。言人道也。

【朱子章句】

[1] 道也之道，音导。○言诚者物之所以自成，而道者人之所当自行也。诚以心言，本也；道以理言，用也。

[2] 天下之物，皆实理之所为，故必得是理，然后有是物。所得之理既尽，则是物亦尽而无有矣。故人之心一有不实，则虽有所为，亦如无有，而君子必以诚为贵也。盖人之心能无不实，乃为有以自成，而道之在我者亦无不行矣。

[3] 知，去声。○诚虽所以成己，然既有以自成，则自然及物，而道亦行于彼矣。仁者体之存，智者用之发，是皆吾性之固有，而无内外之殊。既得于己，则见于事者以时措之，而皆得其宜也。

故至诚无息。[1]不息则久，久则征，[2]征则悠远，悠远则博厚，博厚则高明。[3]博厚，所以载物也；高明，所以覆物也；悠久，所以成物也。[4]博厚配地，高明配天，悠久无疆。[5]如此者，不见而章，不动而变，无为而成。[6]天地之道，可一言而尽也：其为物不贰，则其生物不测。[7]天地之道：博也，厚也，高也，明也，悠也，久也。[8]今夫天，斯昭昭之多，及其无穷也，日月星辰系焉，万物覆焉。今夫地，一撮土之多，及其广厚，载华岳而不重，振河海而不泄，万物载焉。今夫山，一卷石之多，及其广大，草木生之，禽兽居之，宝藏兴焉。今夫水，一勺之多，及其不测，鼋鼍、蛟龙、鱼鳖生焉，货财殖焉。[9]《诗》云："维天之命，於穆不已！"盖曰天之所以为天也。"於乎不显，文王之德之纯！"盖曰文王之所以为文也，纯亦不已。[10]

右第二十六章。言天道也。

【朱子章句】

[1] 既无虚假，自无间断。

[2] 久，常于中也。征，验于外也。

[3] 此皆以其验于外者言之。郑氏所谓"至诚之德，著于四方"者是也。存诸中者既久，则验于外者益悠远而无穷矣。悠远，故其积也广博而深厚。博厚，故其发也高大而光明。

[4] 悠久，即悠远，兼内外而言之也。本以悠远致高厚，而高厚又悠久也。此言圣人与天地同用。

[5] 此言圣人与天地同体。

[6] 见，音现。○见，犹示也。不见而章，以配地而言也。不动而变，以配天而言也。无为而成，以无疆而言也。

[7] 此以下，复以天地明至诚无息之功用。天地之道，可一言而尽，不过曰"诚"而已。不贰，所以诚也。诚故不息，而生物之多，有莫知其所以然者。

[8] 言天地之道，诚一不贰，故能各极所盛，而有下文生物之功。

恭惟皇帝陛下，博厚高明，齐庄中正。翼翼之心不已，盖本躬行；喁喁之望咸归，殆非人力。（宋张孝祥《贺今上皇帝登极表》）

乾之所统即吾元善之长也，地之所载即吾浩气之塞也。故天地之德，万物之备，罔不在我。为物不贰，生物不测，春也，岂有外哉？今而欲咏此春也，将何如而咏之？春气自动，春声自鸣，乃春自咏耳，非有咏之者。大而雷风之千响万应，细而禽鸟之千咏万态，众而人声之千唱万和，皆咏春也，皆春自咏也。（宋包恢《咏春堂记》）

士君子俯仰宇宙，登山观水，夫固寄意焉耳。意苟在，卷石勺水自足怡悦；苟不在，虽牛山琅玡增慨生悲。（明吴时来《寻乌石山记》）

子在川上曰："逝者如斯夫，不舍昼夜。"程子曰："此道体也，天运而不已，水流而不息，物生而不穷，皆与道为体运乎，昼夜未尝已也。"是以君子法之自强不息，及其至也，纯亦不已焉。（元方回《送张受益入都序》）

[9]夫，音扶。华、藏，并去声。卷，平声。勺，市若反。〇昭昭，犹耿耿，小明也。此指其一处而言之。及其无穷，犹十二章"及其至也"之意，盖举全体而言也。振，收也。卷，区也。此四条，皆以发明由其不贰不息以致盛大而能生物之意。然天、地、山、川，实非由积累而后大，读者不以辞害意可也。

[10]於，音乌。乎，音呼。〇《诗·周颂·维天之命》篇。於，叹辞。穆，深远也。不显，犹言岂不显也。纯，纯一不杂也。引此以明至诚无息之意。程子曰："天道不已，文王纯于天道，亦不已。纯则无二无杂，不已则无间断先后。"

大哉圣人之道！[1]洋洋乎！ 发育万物，峻极于天。[2]优优大哉！ 礼仪三百，威仪三千。[3]待其人而后行。[4]故曰：苟不至德，至道不凝焉。[5]故君子尊德性而道问学，致广大而尽精微，极高明而道中庸，温故而知新，敦厚以崇礼。[6]是故居上不骄，为下不倍。 国有道，其言足以兴；国无道，其默足以容。《诗》曰"既明且哲，以保其身"，其此之谓与！[7]

右第二十七章。言人道也。

【朱子章句】

[1] 包下文两节而言。

[2] 峻，高大也。 此言道之极于至大而无外也。

[3] 优优，充足有余之意。 礼仪，经礼也。 威仪，曲礼也。 此言道之入于至小而无间也。

[4] 总结上两节。

[5] 至德，谓其人。 至道，指上两节而言也。 凝，聚也，成也。

[6] 尊者，恭敬奉持之意。 德性者，吾所受于天之正理。 道，由也。温，犹燖温之温，谓故学之矣，复时习之也。 敦，加厚也。 尊德性，所以存心而极乎道体之大也。 道问学，所以致知而尽乎道体之细也。 二者，修德凝道之大端也。 不以一毫私意自蔽，不以一毫私欲自累，涵泳乎其所已知，敦笃乎其所已能，此皆存心之属也。 析理则不使有毫厘之差，处事则不使有过不及之谬，理义则日知其所未知，节文则日谨其所未谨，此皆致知之属也。 盖非存心无以致知，而存心者又不可以不致知。 故此五句，大小相资，首尾相应，圣贤所示入德之方，莫详于此，学者宜尽心焉。

[7] 倍，与背同。 与，平声。 ○兴，谓兴起在位也。《诗·大雅·烝民》之篇。

故《中庸》"礼仪三百，威仪三千"而汉儒所记以《曲礼》为首篇，以"毋不敬"为首句，此所谓礼之本也。本立则礼无不行，亦犹诗三百而夫子蔽以"思无邪"之三语也，尚何隐显高下之别哉！（宋周必大《敬斋记》）

故必有孝弟之实心而后能作，有孝弟之实行而后能守。无其实而徒有其文，则其弊抑有甚焉。封君敦厚崇礼以率其宗，布政君之在谏垣，文学论议，志存实用，有成绩矣。旬宣之泽又将于此乎推，然则吴氏之谱由是而传之，以及于无穷，岂不可哉！（明李东阳《金溪吴氏族谱序》）

孔子曰："邦无道，其默足以容。"世之不幸莫大于使人默，予故曰：观人以彰，可以识世。（明李梦阳《啸台重修碑》）

礼乐自天子出,而献六羽焉。非天子不制度,而税亩焉。故皆书曰初。《史记》表于秦书"初立西畤"、"初租禾"、"初为赋",取法乎《春秋》。(宋王应麟《困学纪闻》卷六)

车同轨,行同伦。来万国,相九宾。延群后,朝荩臣。礼时行,乐日新。撢夷则,奏雅寅。衮衣曜,玉帛陈。仪抑抑,皇恂恂。(梁萧子云《寅雅》)

子曰:"愚而好自用,贱而好自专,生乎今之世,反古之道。如此者,灾及其身者也。"[1]非天子,不议礼,不制度,不考文。[2]今天下车同轨,书同文,行同伦。[3]虽有其位,苟无其德,不敢作礼乐焉;虽有其德,苟无其位,亦不敢作礼乐焉。[4]子曰:"吾说夏礼,杞不足征也;吾学殷礼,有宋存焉;吾学周礼,今用之,吾从周。"[5]

右第二十八章。承上章为下不倍而言,亦人道也。

【朱子章句】

[1] 好,去声。灾,古灾字。〇以上孔子之言,子思引之。反,复也。

[2] 此以下,子思之言。礼,亲疏贵贱相接之体也。度,品制。文,书名。

[3] 行,去声。〇今,子思自谓当时也。轨,辙迹之度。伦,次序之体。三者皆同,言天下一统也。

[4] 郑氏曰:"言作礼乐者,必圣人在天子之位。"

[5] 此又引孔子之言。杞,夏之后。征,证也。宋,殷之后。三代之礼,孔子皆尝学之而能言其意,但夏礼既不可考证,殷礼虽存,又非当世之法,惟周礼乃时王之制,今日所用。孔子既不得位,则从周而已。

王天下有三重焉，其寡过矣乎！[1]上焉者虽善无征，无征不信，不信民弗从；下焉者虽善不尊，不尊不信，不信民弗从。[2]故君子之道，本诸身，征诸庶民，考诸三王而不缪，建诸天地而不悖，质诸鬼神而无疑，百世以俟圣人而不惑。[3]质诸鬼神而无疑，知天也；百世以俟圣人而不惑，知人也。[4]是故君子动而世为天下道，行而世为天下法，言而世为天下则。远之则有望，近之则不厌。[5]《诗》曰："在彼无恶，在此无射。庶几夙夜，以永终誉！"君子未有不如此而蚤有誉于天下者也。[6]

　　　　右第二十九章。承上章居上不骄而言，亦人道也。

【朱子章句】

[1] 王，去声。○吕氏曰："三重，谓议礼、制度、考文。惟天子得以行之，则国不异政，家不殊俗，而人得寡过矣。"

[2] 上焉者，谓时王以前，如夏、商之礼虽善，而皆不可考。下焉者，谓圣人在下，如孔子虽善于礼，而不在尊位也。

[3] 此君子，指王天下者而言。其道，即议礼、制度、考文之事也。本诸身，有其德也。征诸庶民，验其所信从也。建，立也，立于此而参于彼也。天地者，道也。鬼神者，造化之迹也。百世以俟圣人而不惑，所谓圣人复起，不易吾言者也。

[4] 知天、知人，知其理也。

[5] 动，兼言、行而言。道，兼法、则而言。法，法度也。则，准则也。

[6] 恶，去声。射，音妒，《诗》作斁。○《诗·周颂·振鹭》之篇。射，厌也。所谓此者，指本诸身以下六事而言。

仲尼祖述尧、舜，宪章文、武，上律天时，下袭水土。[1]辟如天地之无不持载，无不覆帱，辟如四时之错行，如日月之代明。[2]万物并育而不相害，道并行而不相悖，小德川流，大德敦化，此天地之所以为大也。[3]

右第三十章。言天道也。

【朱子章句】

[1] 祖述者，远宗其道。宪章者，近守其法。律天时者，法其自然之运。袭水土者，因其一定之理。皆兼内外该本末而言也。

[2] 辟，音譬。帱，徒报反。○错，犹迭也。此言圣人之德。

[3] 悖，犹背也。天覆地载，万物并育于其间而不相害；四时日月，错行代明而不相悖。所以不害不悖者，小德之川流；所以并育并行者，大德之敦化。小德者，全体之分；大德者，万殊之本。川流者，如川之流，脉络分明而往不息也。敦化者，敦厚其化，根本盛大而出无穷也。此言天地之道，以见上文取辟之意也。

唯天下至圣，为能聪明睿知，足以有临也；宽裕温柔，足以有容也；发强刚毅，足以有执也；齐庄中正，足以有敬也；文理密察，足以有别也。[1] 溥博渊泉，而时出之。[2] 溥博如天，渊泉如渊。 见而民莫不敬，言而民莫不信，行而民莫不说。[3] 是以声名洋溢乎中国，施及蛮貊。 舟车所至，人力所通，天之所覆，地之所载，日月所照，霜露所队，凡有血气者，莫不尊亲，故曰配天。[4]

　　右第三十一章。承上章而言小德之川流，亦天道也。

【朱子章句】

[1] 知，去声。 齐，侧皆反。 别，彼列反。 ○聪明睿知，生知之质。 临，谓居上而临下也。 其下四者，乃仁、义、礼、知之德。 文，文章也。 理，条理也。 密，详细也。 察，明辩也。

[2] 溥博，周遍而广阔也。 渊泉，静深而有本也。 出，发见也。 言五者之德，充积于中，而以时发见于外也。

[3] 见，音现。 说，音悦。 ○言其充积极其盛，而发见当其可也。

[4] 施，去声。 队，音坠。 ○舟车所至以下，盖极言之。 配天，言其德之所及，广大如天也。

吾方日望文相反其迈往直前之气，以内充其宽裕温厚之仁；敛其通敏果决之才，以自昭其文理密察之智；收其奋迅激昂之辩，以自全其发强刚毅之德。固将日趋于和平，而大会于中正，斯乃圣贤之德之归矣，岂徒文章气节之士而已乎！（明王守仁《祭文相文》）

緊厥成性，浩然其天。灵明洞彻，溥博渊泉。万物毕备，众善具全。反身而诚，乐莫大焉。（元吴当《性乐堂诗》）

太史公《素王妙论》曰：诸称富者非贵其身得志也，乃贵恩覆子孙泽及乡里也。黄帝设五法布之天下，用之无穷，盖世有能知者莫不尊亲，如范子可谓晓之矣。（宋王应麟《汉艺文志考证》）

唯天下至诚，为能经纶天下之大经，立天下之大本，知天地之化育。夫焉有所倚？[1]肫肫其仁！渊渊其渊！浩浩其天！[2]苟不固聪明圣知达天德者，其孰能知之？[3]

右第三十二章。承上章而言大德之敦化，亦天道也。前章言至圣之德，此章言至诚之道。然至诚之道，非至圣不能知；至圣之德，非至诚不能为，则亦非二物矣。此篇言圣人天道之极致，至此而无以加矣。

【朱子章句】

[1] 夫，音扶。焉，於虔反。○经、纶，皆治丝之事。经者，理其绪而分之；纶者，比其类而合之也。经，常也。大经者，五品之人伦。大本者，所性之全体也。惟圣人之德极诚无妄，故于人伦各尽其当然之实，而皆可以为天下后世法，所谓经纶之也。其于所性之全体，无一毫人欲之伪以杂之，而天下之道千变万化皆由此出，所谓立之也。其于天地之化育，则亦其极诚无妄者有默契焉，非但闻见之知而已。此皆至诚无妄，自然之功用，夫岂有所倚著于物而后能哉？

[2] 肫，之纯反。○肫肫，恳至貌，以经纶而言也。渊渊，静深貌，以立本而言也。浩浩，广大貌，以知化而言也。其渊、其天，则非特如之而已。

[3] 圣知之知，去声。○固，犹实也。郑氏曰："唯圣人能知圣人也。"

呜呼予乎，其将醉于经乎！朝而浸六艺之浓郁，夕而味百家之异同，然后蹑丘台而望千钟之圣，骋奥府而追百觚之贤，神凝妙理，心粹太和，浩浩其天，渊渊其渊，不知我之醉经，经之醉我，是则醉经为志，不其旷且乐欤！（元王恽《醉经堂记》）

《诗》曰"衣锦尚絅"，恶其文之著也。故君子之道，暗然
而日章；小人之道，的然而日亡。君子之道，淡而不厌，简而
文，温而理，知远之近，知风之自，知微之显，可与入德矣。[1]
《诗》云："潜虽伏矣，亦孔之昭！"故君子内省不疚，无恶于
志。[2]君子之所不可及者，其唯人之所不见乎。《诗》云："相
在尔室，尚不愧于屋漏。"故君子不动而敬，不言而信。[3]
《诗》曰："奏假无言，时靡有争。"是故君子不赏而民劝，不
怒而民威于鈇钺。[4]《诗》曰："不显惟德！百辟其刑之。"是
故君子笃恭而天下平。[5]《诗》云："予怀明德，不大声以
色。"子曰："声色之于以化民，末也。"《诗》曰"德辏如
毛"，毛犹有伦。"上天之载，无声无臭"，至矣！[6]

右第三十三章。子思因前章极致之言，反求其本，复自下
学为己谨独之事推而言之，以驯致乎笃恭而天下平之盛。又
赞其妙，至于无声无臭而后已焉。盖举一篇之要而约言之，其
反复丁宁示人之意，至深切矣，学者其可不尽心乎！

【朱子章句】

[1] 衣，去声。絅，口迥反。恶，去声。暗，於感反。○前章言圣人
之德，极其盛矣。此复自下学立心之始言之，而下文又推之以至其极也。
《诗·国风·卫·硕人》、《郑》之《丰》，皆作"衣锦褧衣"。褧、絅
同，禅衣也。尚，加也。古之学者为己，故其立心如此。尚絅，故暗然；
衣锦，故有日章之实。淡、简、温，絅之袭于外也，不厌而文且理焉，锦之
美在中也。小人反是，则暴于外而无实以继之，是以的然而日亡也。远之
近，见于彼者由于此也。风之自，著乎外者本乎内也。微之显，有诸内者
形诸外也。有为己之心，而又知此三者，则知所谨而可入德矣。故下文引
《诗》言谨独之事。

[2] 恶，去声。○《诗·小雅·正月》之篇。承上文言莫见乎隐、莫显
乎微也。疚，病也。无恶于志，犹言无愧于心，此君子谨独之事也。

[3] 相，去声。○《诗·大雅·抑》之篇。相，视也。屋漏，室西北隅

廉耻，士君子之大节，
罕能自守者，利欲胜
之耳。物有为其所
胜，虽善守者或牵而
去，故孟子谓勇过贲
育者，诚有旨哉。君
子之道，闇然而日章，
而今人求速誉，遂得
速毁以自损者，理之
当然。（宋欧阳修《廉
耻说》）

或问：君子不言而信，
此何理也？杨子曰：
见桑者有燠意，见禾
者有饱心，桑与禾言
乎哉？（宋杨万里《庸
言》十一）

善哉刘真长之言曰：
古之善政，司契而已，
岂不以敦本正源，镇
静流末乎！此语可著
令甲。苟用此道，虽
圣人之笃恭玄默，何
以加诸？（明何良俊
《何氏语林》卷六）

夫天道虽无声无臭，
然而应若影响，天人之
验，理不可诬。（《宋
书·五行志》）

也。 承上文又言君子之戒谨恐惧，无时不然，不待言动而后敬信，则其为己之功益加密矣。 故下文引《诗》并言其效。

[4] 假，格同。 铁，音夫。○《诗·商颂·烈祖》之篇。奏，进也。承上文而遂及其效，言进而感格于神明之际，极其诚敬，无有言说而人自化之也。威，畏也。铁，莝斫刀也。 钺，斧也。

[5] 《诗·周颂·烈文》之篇。 不显，说见二十六章，此借引以为幽深玄远之意。 承上文言天子有不显之德，而诸侯法之，则其德愈深而效愈远矣。 笃，厚也。 笃恭，言不显其敬也。 笃恭而天下平，乃圣人至德渊微，自然之应，中庸之极功也。

[6] 辖，由、西二音。 ○《诗·大雅·皇矣》之篇。 引之以明上文所谓不显之德者，正以其不大声与色也。 又引孔子之言，以为声色乃化民之末务。 今但言不大之而已，则犹有声色者存，是未足以形容不显之妙。 不若《烝民》之诗所言"德辖如毛"，则庶乎可以形容矣。 而又自以为谓之毛，则犹有可比者，是亦未尽其妙。 不若《文王》之诗所言"上天之事，无声无臭"，然后乃为不显之至耳。 盖声臭有气无形，在物最为微妙，而犹曰无之，故惟此可以形容不显、笃恭之妙。 非此德之外，又别有是三等，然后为至也。

图书在版编目(CIP)数据

大学·中庸/(宋)朱熹章句；金良年导读；胡真集评. —上海：
上海古籍出版社，2007.9 （2017.5重印）
（世纪人文系列丛书·大学经典）
ISBN 978-7-5325-4610-7

Ⅰ. 大…　Ⅱ.①朱…　②金…　③胡…　Ⅲ.①儒家②大学-
注释③中庸-注释　Ⅳ. B222.02

中国版本图书馆 CIP 数据核字(2007)第 038460 号

责任编辑　方晓燕
装帧设计　陆智昌

大学·中庸

[宋]朱熹 章句　金良年 导读　胡真 集评
出　　版　世纪出版集团　上海古籍出版社
　　　　　（200020　上海瑞金二路 272 号　www.ewen.co）
发　　行　上海世纪出版集团发行中心
印　　刷　上海商务联西印刷有限公司
开　　本　787×960 mm　1/16
印　　张　5.5
插　　页　4
字　　数　100 000
版　　次　2007 年 9 月第 1 版
印　　次　2017 年 5 月第 7 次印刷
ISBN 978-7-5325-4610-7/B·589
定　　价　10.00 元

世纪人文系列丛书(2007年出版)

一、世纪文库
《国史要义》 柳诒徵撰
《殷墟陶器研究》 李济著
《安阳》 李济著
《中国早期文明》* 李济著
《江村经济》* 费孝通著
《乡土中国》* 费孝通著
《汉代社会结构》 瞿同祖著 邱立波译
《魏晋南北朝的社会》 蒙思明著
《中国佛教史》 蒋维乔撰
《中国基督教史纲》 王治心撰
《中国社会史论》 熊得山著
《中国戏剧史长编》 周贻白著
《现代中国文学史》 钱基博著
《西方美术东渐史》 [日]关卫著 熊得山译
《气的思想——中国自然观与人的观念的发展》[日]小野泽精一 福永光司 山井涌编 李庆译
《索绪尔第三次普通语言学教程》 [瑞士]费尔迪南·德·索绪尔著 屠友祥译
《思想录——论宗教和其他主题的思想》 [法]帕斯卡尔著 何兆武译
《伦理学》 [德]朋霍费尔著 胡其鼎译
《佛教伦理学》 [英]哈玛拉瓦·萨达提沙著 姚治华 王晓红译
《学术的进展》* [英]弗朗西斯·培根著 刘运同译 孙宜学校译
《胡塞尔现象学》* [丹]丹·扎哈维著 李忠伟译
《江南传教史》* [法]史式徽著 天主教上海教区史料译写组译
《古希腊哲学史纲》* [德]爱德华·策勒尔著 翁绍军译
《理性与革命: 黑格尔和社会理论的兴起》* [美]马尔库塞著 程志民等译
《近代史讲稿》* [英]阿克顿著 朱爱青译

二、世纪前沿
《国家的兴衰》 [美]曼瑟·奥尔森著 李增刚译
《社会权力的来源》(第一卷) [英]迈克尔·曼著 刘北成 李少军译
《社会权力的来源》(第二卷) [英]迈克尔·曼著 陈海宏等译
《真实与惟一的天堂——进步及其评论家》 [美]克里斯托弗·拉旭著 丁黎明译
《神经元经济学》 [美]阿尔多·拉切奇尼等著 汪丁丁 叶航 罗卫东主编
《解构的共通体》 [法]让—吕克·南希著 郭建玲 张建华 张尧均 陈永国 夏可君译
夏可君编校
《生活在极限之内——生态学、经济学和人口禁忌》 [美]加勒特·哈丁著 戴星翼 张真译
《论自由》 [法]雷蒙·阿隆著 姜志辉译
《批判的社会学导论》 [英]安东尼·吉登斯著 郭忠华译
《意向性——论心灵哲学》* [美]约翰·R·塞尔著 刘叶涛译
《合作的进化》(修订版)* [美]罗伯特·阿克塞尔罗德著 吴坚忠译
《想象的马克思主义》* [法]雷蒙·阿隆著 姜志辉译
《全球化时代的民主》* [德]奥特弗利德·赫费著 庞学铨 李张林 高靖生译

三、袖珍经典

《大学的兴起》 [美]查尔斯·霍默·哈斯金斯著 王建妮译

《大学之理念》 [德]卡尔·雅斯贝尔斯著 邱立波译

《钱袋与永生：中世纪的经济与宗教》 [法]雅克·勒高夫著 周嫄

《美学原理》 [意]克罗齐著 朱光潜译

《一种幻想的未来 文明及其不满》* [德]弗洛伊德著 严志军 张沫译

《论科学与艺术》* [法]卢梭著 何兆武译

四、大学经典

《大学·中庸》* [宋]朱熹章句 金良年导读 胡真 集评

《论语》* [宋]朱熹集注 金良年导读 胡真集评

《孟子》 [宋]朱熹集注 金良年导读 胡真集评

《老子》 奚侗集解 方勇导读 方勇标点整理

《史记详节》* [汉]司马迁原著 [宋]吕祖谦编纂 周天游导读 完颜绍元整理

《汉书详节》* [汉]班固原著 [宋]吕祖谦编纂 周天游导读 戴扬本整理

《后汉书详节》* [南朝宋]范晔原著 [宋]吕祖谦编纂 周天游导读 庄辉明整理

《三国志详节》* [晋]陈寿原著 [宋]吕祖谦编纂 周天游导读 陈居渊整理

《诗品》* [南朝梁]钟嵘著 古直笺 曹旭导读 曹旭整理集评

《玉台新咏》* [南朝陈]徐陵编 [清]吴兆宜注 程琰删补 曹明纲导读 尚成整理集评

《花庵词选》* [宋]黄昇 选编 蒋哲伦导读 云山整理辑评

《阳春白雪》* [元]杨朝礼选编 冯裳导读 冯裳整理集评

《唐宋八大家文钞》* [清]张伯行选编 萧瑞峰导读 萧瑞峰标点 张星集评

《版本通义》* 钱基博著 严佐之导读 严佐之、毛文鳌注

《古书疑义举例》* [清]俞樾著 马叙伦校录 傅杰导读

五、开放人文

（一）插图本人文作品

《DNA——生命的秘密》* [美]詹姆斯·沃森著 陈雅云译

《论罗马、死亡、爱》* [法]蒙田著 马振骋译

《欧洲漫画史：古代——1848年》* [德]爱德华·福克斯著 章国锋译

（二）人物

《对生命的敬畏——阿尔贝特·施韦泽自述》 [法]阿尔贝特·施韦泽著 陈泽环译

《马克斯·韦伯思想肖像》 [美]莱因哈特·本迪克斯著 刘北成 刘援 吴必康 刘新成译

（三）插图本外国文学名著

（四）科学人文

《世界科学技术通史》 [美]詹姆斯·E·麦克莱伦第三 哈罗德·多恩著 王鸣阳译

《脑的进化——自我意识的创生》 [澳大利亚]约翰·C·埃克尔斯著 潘泓译

《爱因斯坦奇迹年——改变物理学面貌的五篇论文》 [美]约翰·施塔赫尔主编 范岱年
许良英译

《现代世界中的数学》* [美]M·克莱因主编 齐民友等译

《宇宙的起源》* [英]约翰·巴罗著 卞毓麟译

《宇宙的最后三分钟》* [澳大利亚]保尔·戴维斯著 傅承启译

《人类的起源》* [英]理查德·利基著 吴汝康 吴新智 林圣龙译

《周期王国》* [英]彼得·阿特金斯著 张瑚 张崇寿译
《大脑如何思维——智力演化的今昔》* [美]威廉·卡尔文著 杨雄里 梁培基译
《自然之数——数学想象的虚幻实境》* [英]伊恩·斯图尔特著 潘涛译
《科学技术学导论》* [加]瑟乔·西斯蒙多著 许为民 孟强 崔海灵 陈海丹译
《复杂性——一种哲学概观》* [美]尼古拉斯·雷舍尔著 吴彤译
《科学及其编造》* [澳大利亚]艾伦·查尔默斯著 蒋劲松译
《数学与自然科学之哲学》* [德]赫尔曼·外尔著 齐民友译
《通往斯德哥尔摩之路——诺贝尔奖、科学和科学家》* [匈牙利]伊什特万·豪尔吉陶伊著
节艳丽译
《病因何在——科学家如何解释疾病》* [加]保罗·萨加德著 刘学礼译
《激情澎湃——科学家的内心世界》* [英]刘易斯·沃尔珀特 艾莉森·理查兹著 柯欣瑞译

[注]书名后加*者表示新出品种

418742000000574 3692016